Esse livro é uma obra-prima da nova homilética. Ao mesmo tempo que reconhece o valor da velha homilética, desafia os pregadores de nosso tempo a construir um sermão bíblico apresentado por meio da comunicação e narrativa contextualmente aplicadas ao mundo de hoje. Recomendo *A jornada da pregação* a todos os pregadores que proclamam a mensagem da graça ao mundo pós-moderno.

Paschoal Piragine Júnior, pastor da Primeira Igreja Batista de Curitiba e professor de homilética da FABAPAR

O ofício mais nobre da igreja é a proclamação pública e didática do evangelho. Aliás, Jesus mesmo enviou seus discípulos para anunciar as boas notícias a todos. Foi, e continua sendo, por meio da pregação que Deus chama seu povo ao reino da luz. Nessa tarefa sublime, meu professor Adrien Bausells oferece uma contribuição ímpar à teologia homilética em nosso país. Ele condensa todos os seus trinta anos de prática e ensino, aliados às antigas e novas metodologias de abordagem do texto e comunicação verbal da Palavra, nessa obra que é um convite a uma "jornada". Os passos que oferece — *exegético, hermenêutico e homilético* — ajudarão todos os pregadores a fortalecer seus púlpitos, e assim tornar a igreja ainda mais engajada em seu papel proclamador e profético.

Paulo Won, pastor presbiteriano e autor do livro *E Deus falou na língua dos homens* (Thomas Nelson Brasil)

Muito raramente surge uma lufada de ar fresco que desafia a mente e desmonta o que de forma geral se transformou em padrão no que concerne ao estilo e aos modos de pregar a Palavra de Deus.

Nesse livro, Adrien Bausells desafia o padrão clássico de que a lógica, a racionalidade e a argumentação são as únicas formas de pensar aceitas pela sociedade que nos cerca. Na realidade, isso está descontextualizado em face dessa mesma sociedade. Precisa-se de uma abordagem mista, em que à racionalidade se junte uma parte mais ativa: as experiências de vida. Urge, portanto, que se saia de uma pregação cujo único intuito seja convencer, pelo argumento, os ouvintes. É preciso aliar às mensagens, de preferência expositivas, as aplicações necessárias, a centralidade de Cristo, a conexão com o Espírito Santo, dando espaço ao agir de Deus, e que a verbalização ganhe outro sentido que não o retórico ou conversacional e passe a fazer sentido claro no seu contexto. A isso é necessário incluir sempre o sentido missional e sem perder de vista o verdadeiro autor das Escrituras: Deus.

Recomendo a leitura desse livro, tanto pela abertura e pelos desafios aos quais fui exposto quanto pelo fato de que serviu para repensar a minha vida pastoral e de pregador, sempre consciente de que estou embutido na *missio Dei* e que é a Deus que se presta honra e glória.

Eduardo de Melo, pastor da Igreja Batista de Évora, em Portugal, e professor no Seminário Teológico Baptista de Portugal

Cresci ouvindo sermões na igreja, nas praças, nas reuniões de oração e nos cultos nos lares. Era difícil para mim, como criança, entender o que estavam procurando comunicar. Eu ouvia palavras conhecidas, mas não captava a construção de sentido. Num domingo especial, o pregador convidado era um poeta conhecido na cidade. Com um tom de voz firme e suave, ele foi entrelaçando as palavras, concatenando as ideias de tal maneira que captou minha total atenção. Meu coração se aqueceu, pois, pela primeira vez, eu estava entendendo tudo o que estava sendo dito. No final, o pregador declamou um de seus poemas e fez um convite para uma decisão de seguir a Cristo. Nem pedi permissão aos meus pais — em poucos minutos, o menino de 8 anos estava diante do púlpito esperando para orar com aquele pregador. Ele havia descoberto o caminho para o meu coração. Recomendo, com entusiasmo, a leitura de *A jornada da pregação*, livro que é fruto de uma longa experiência na arte da pregação bíblica, na qual texto, pregador e audiência são seriamente considerados. Oro para que cada leitor e cada leitora encontre nessas páginas o passo a passo no caminho para o coração de todos os que precisam ouvir as boas-novas do evangelho.

Ziel J. O. Machado, pastor da Igreja Metodista Livre Nikkei, em São Paulo, e vice-reitor do Seminário Teológico Servo de Cristo

Engana-se quem pensa que talento é suficiente para a produção de uma obra marcante. As pinturas de Leonardo da Vinci, os dribles de Pelé e os pratos de Joël Robuchon possivelmente nem existiriam sem longas horas de dedicação e preparo, sem o aperfeiçoamento de disciplinas comuns a qualquer pessoa que valoriza o que faz.

Um sermão transformador não foge à regra. Da leitura do texto bíblico à proclamação da Palavra de Deus, há um longo caminho a ser percorrido, que exige do pregador fidelidade em cada passo do processo: atenção ao sentido original do texto, sensibilidade à situação dos ouvintes, seleção cuidadosa de ilustrações, dependência da direção do Espírito — e muito mais.

Com a clareza de alguém que tem debruçado há décadas sobre essa tarefa, Adrien Bausells brinda-nos com uma ótima introdução à arte de pregar. Além de oferecer uma teologia homilética atualizada, relevante para o mundo pós-moderno que cerca a igreja hoje, *A jornada da pregação* está repleto de exemplos que ajudam o leitor a visualizar como aplicar o método proposto. Torço para que esse livro alcance todos os que ousam povoar nossos púlpitos no Brasil!

> **Bernardo Cho**, PhD em linguagem, literatura e teologia do Novo Testamento pela Universidade de Edimburgo, professor de Novo Testamento, diretor do programa de Estudos Doutorais em Ministério (DMin) no Seminário Teológico Servo de Cristo, e pastor da Igreja Presbiteriana do Caminho

O pastor Adrien Bausells tem autoridade para falar sobre esse magno assunto. Tem conhecimento e experiência. Estou certo de que sua vida confirma sua obra, e seu testemunho é avalista de suas palavras. O livro é um reservatório de ricos tesouros. É um manual prático sobre pregação e fácil de entender. É uma obra preciosa que enriquecerá a literatura evangélica e será uma ferramenta muito útil nas mãos dos pregadores. Recomendo, com entusiasmo, esse trabalho primoroso.

> **Hernandes Dias Lopes**, bacharel em teologia pelo Seminário Presbiteriano do Sul, doutor em ministério pelo Reformed Theological Seminary, no Mississippi, pastor presbiteriano, conferencista e escritor

Acredito que o professor e pastor Adrien Bausells conseguiu nesse livro, com sucesso, algo que é de extrema dificuldade quando se trata de textos sobre pregação: encontrar uma metodologia em que se respeite a forma em que o texto bíblico foi escrito e seu significado, mas também o comunique aos nossos dias de forma atual e relevante. Creio ser uma obra fundamental para você que quer ser pregador ou pregadora comprometidamente fiel da Palavra de Deus e firmemente contemporâneo em sua comunicação.

> **Marcos Botelho**, pastor da Igreja Presbiteriana Comunidade da Vila e professor de Hermenêutica na Faculdade Latino-americana (FLAM)

Toda vez que prego, dou aula ou mesmo gravo um vídeo, Adrien Bausells está lá, comigo, falando junto. Foi ele quem me ensinou isto: que nunca subo ao púlpito sozinho, mas sou acompanhado por meus mestres. Por meio de *A jornada da pregação*, muitos outros poderão ensinar ou pregar com a sabedoria aqui exposta. O Espírito Santo nos capacita, está sempre conosco e deu ao autor o dom de ensinar a ensinar. Temos pela frente uma jornada. Não é uma carreira solo.

Em *A jornada da pregação*, Adrien Bausells registra, muito além de técnicas para um bom sermão, sabedoria exposta e testada em sala de aula. São ensinamentos que acompanham meu ministério com excelentes frutos.

Victor Fontana, mestre em teologia pela Trinity Evangelical Divinity School, na Flórida

A jornada da pregação é um daqueles livros que todo pregador da Palavra, desde o aspirante ao mais experiente, sempre desejou ver publicado. Estamos diante de uma contribuição singular para a biblioteca teológica brasileira, pois o material que você tem em mãos é uma concisa, mas rica introdução à pregação bíblica, expositiva e missional — combinação urgente para a saúde da igreja de hoje. Além disso, o autor presenteia-nos com um completo passo a passo, do texto ao púlpito, para a preparação de sermões bíblicos. É importante salientar que o professor Adrien Bausells não está apenas preocupado em oferecer um material prático e técnico para o preparo de sermões bíblicos, mas pretende ir além do mero pragmatismo e nos convida a uma jornada pela teologia da pregação, para então nos ensinar as implicações práticas dessa viagem. O livro está escrito em linguagem acessível, pastoral e criativa, e reflete a experiência e o ministério do autor. Ler essas páginas foi como retornar às salas de aula do Seminário Presbiteriano do Sul, nos idos de 2009 a 2012, quando tive o prazer de estudar com o professor Adrien o conteúdo a que a igreja brasileira agora tem amplo acesso.

> **Jean Francesco A. L. Gomes**, PhD em teologia sistemática pelo Calvin Theological Seminary, pastor presbiteriano, professor de teologia e autor do livro *Reformando o discipulado* (Thomas Nelson Brasil)

Tive o privilégio de ser aluno do Adrien Bausells no programa de doutorado em ministério, e tenho a honra de ser seu colega de docência no Seminário Teológico Servo de Cristo. Ele tem feito uma contribuição significativa para o púlpito da igreja contemporânea com suas exposições fiéis à Bíblia, assim como tem sido muito útil na formação de pregadores desta nova geração. Todo esse trabalho chega ao público de língua portuguesa por meio de *A jornada da pregação*, presente que é fruto de seu notório conhecimento e pesquisa. Essa obra aborda a teologia da pregação, sua natureza e implicações, e trata das características deste mundo pós-moderno, bem como da atração pelo visual compartilhada pelos ouvintes de nosso tempo. Ensina também como fazer uma abordagem didática, indutiva e relevante na exposição do texto bíblico. Certamente, esse livro será um texto de muitos cursos de homilética. Recomendo com entusiasmo!

> **Jubal Gonçalves**, pastor presbiteriano e professor no Seminário Teológico Servo de Cristo

Adrien Bausells presenteia a igreja de língua portuguesa com uma obra que é muito mais que um manual de homilética e pregação. *A jornada da pregação* é uma viagem para dentro do coração do pregador, pois expõe a beleza, os perigos e a prática dessa santa peregrinação. Aqui, está em vista mais do que a técnica da pregação: o leitor encontrará uma verdadeira teologia bíblica do sagrado ofício daquele que foi chamado para ser porta-voz de Deus no meio de seu povo. Não tenho dúvidas que esse livro assumirá posição de destaque na prateleira e no coração de homens e mulheres que desejam servir com fidelidade e diligência ao Deus exaltado na pregação.

Isaque Sicsú, bacharel em teologia pela Universidade Metodista de São Paulo, mestre em teologia do Antigo Testamento e línguas semíticas pelo Dallas Theological Seminary, mestre em teologia dogmática pela PUC-SP, pastor-líder da Igreja Batista Urbana e professor titular de Teologia Bíblica do Antigo Testamento e Teologia Sistemática do Seminário Teológico Servo de Cristo e do Seminário Betel Brasileiro

A JORNADA
DA PREGAÇÃO

A JORNADA
DA PREGAÇÃO

ADRIEN BAUSELLS

DO
TEXTO
A O
PÚLPITO

Copyright ©2022, de Adrien Bausells

Todos os direitos desta publicação são reservados por Vida Melhor Editora LTDA.

As citações bíblicas são da Almeida Revista e Atualizada, a menos que seja especificada outra versão da Bíblia Sagrada. Todo grifo em passagens bíblicas é de responsabilidade do autor.

Os pontos de vista desta obra são de responsabilidade de seu autor e colaboradores diretos, não refletindo necessariamente a posição da Thomas Nelson Brasil, da HarperCollins Christian Publishing ou de sua equipe editorial.

Publisher	*Samuel Coto*
Editor	*Guilherme H. Lorenzetti*
Produção editorial	*Fabiano Silveira Medeiros*
Preparação	*Cristina Ignacio e Judson Canto*
Revisão	*Marcia Barrios Medeiros*
Projeto gráfico e diagramação	*Tiago Elias*
Capa	*Rafael Brum*

Dados Internacionais de Catalogação na Publicação (CIP)

B342j
1.ed.
	Bausells, Adrien
	    A jornada da pregação : do texto ao púlpito / Adrien Bausells. –
	1.ed. – Rio de Janeiro : Thomas Nelson Brasil, 2022.
	    224 p.; 13,5 x 20,8 cm.
	
	    ISBN : 978-65-56893-43-3
	
	    1. Bíblia - Estudo e ensino. 2. Cristianismo. 3. Homilética.
	4. Pregação. 5. Teologia cristã.
	    I. Título.

04-2022/39	CDD 251

Índice para catálogo sistemático:

1. Pregação : Homilética : Cristianismo   251

Bibliotecária: Aline Graziele Benitez CRB-1/3129

Thomas Nelson Brasil é uma marca licenciada à Vida Melhor Editora LTDA.
Todos os direitos reservados à Vida Melhor Editora LTDA.
Rua da Quitanda, 86, sala 218 — Centro
Rio de Janeiro — RJ — CEP 20091-005
Tel.: (21) 3175-1030
www.thomasnelson.com.br

Visto que, na sabedoria de Deus,
o mundo não o conheceu por meio da sabedoria humana,
agradou a Deus salvar aqueles que creem
por meio da loucura da pregação.

1Coríntios 1.21

Dedico este livro a todos os que foram chamados por Deus para serem pregadores e continuam acreditando na loucura da pregação, homens e mulheres que com muito esforço e entusiasmo se dedicam ao ministério da Palavra, servos e servas de Deus que foram alcançados pela Palavra e agora pregam a Palavra da salvação.

SUMÁRIO

Agradecimentos..19

Apresentação...23

Prefácio...27

Introdução...33

PRIMEIRA PARTE: A TEOLOGIA DA PREGAÇÃO

1. PREPARANDO-SE PARA A JORNADA DA PREGAÇÃO: UMA TEOLOGIA DA PREGAÇÃO | 39

Nossa herança homilética..40

O mundo em que pregamos...42

A pregação bíblica, missional e expositiva..46

As sete convicções teológicas do pregador..54

A bagagem do pregador..64

Os quatro perigos da jornada...67

SEGUNDA PARTE: A PRÁTICA DA PREGAÇÃO

2. O ROTEIRO DA JORNADA DA PREGAÇÃO: DO TEXTO AO PÚLPITO | 77

As etapas da jornada..77

O mapa da jornada: o roteiro do texto ao púlpito...............................79

O conteúdo da pregação..82

A aplicação no sermão..85

3. PERCORRENDO A JORNADA DA PREGAÇÃO | 91

Primeira etapa: A jornada pelo estudo do texto bíblico......................91

Segunda etapa: A jornada pela composição do sermão.......................123

Terceira etapa: A jornada até a entrega do sermão.............................152

Conclusão da jornada até a pregação..163

4. APLICANDO AS TAREFAS DO ROTEIRO DA JORNADA DA PREGAÇÃO | 165

Primeira parada: escolha e delimite o texto..165

Segunda parada: estude o texto e seus contextos..167

Terceira parada: esboce a estrutura do texto..168

Quarta e quinta paradas: identifique o problema,
a graça e a missão no texto e no sermão..171

Sexta parada: elabore o esboço homilético do sermão...................................172

Sétima e oitava paradas: selecione as ilustrações
e escreva o manuscrito completo do sermão..174

Nona e décima paradas: prepare a apresentação
do sermão e prepare-se para pregar com convicção....................................183

Conclusão...189

ADENDOS: RECURSOS COMPLEMENTARES PARA A JORNADA DA PREGAÇÃO | 193

Adendo 1: 10 perguntas para assegurar unidade
e relevância ao sermão...195

Adendo 2: Avaliando o sermão..199

Adendo 3: Sermão comentado..203

Bibliografia...213

Índice remissivo...217

AGRADECIMENTOS

Como agradecer a tantas pessoas que direta e indiretamente participaram deste meu projeto de escrever um livro sobre pregação? Sem a participação de todas essas pessoas queridas, seria impossível concluir este trabalho.

Alguns me apoiaram financeiramente, permitindo que eu pudesse dedicar tempo à pesquisa e ao estudo. Outros me apoiaram com palavras de ânimo e motivação, acreditando e me fazendo acreditar que valeria a pena eu compartilhar minha experiência como pregador e professor de pregação. Outros ainda colaboraram ao se tornar meus alunos e colocar em prática aquilo que procurei ensinar. Sou grato a todos, sem exceção, por fazerem parte deste projeto.

Mas quero agradecer de modo direto a algumas pessoas com quem compartilho a alegria de ver este livro finalmente publicado. Em especial, ao pastor Ricardo Chen, reitor do Seminário Teológico Servo de Cristo, que desde os tempos em que eu estava fazendo meu mestrado no Calvin Theological Seminary se tornou um apoiador, investindo em meus estudos e posteriormente me convidando a lecionar no Servo de Cristo. O pastor Chen sempre apoiou minha ideia de escrever este livro. Sou grato a ele e ao Seminário Teológico Servo de Cristo por todo apoio que recebi e pela oportunidade de poder continuar fazendo parte do rol de professores.

Também quero expressar gratidão ao diretor do Seminário Presbiteriano do Sul (SPS), o reverendo Carlos Machado, meu

A JORNADA DA PREGAÇÃO

amigo de longa data que é carinhosamente conhecido como K. Foi nessa conhecida Casa de Profetas que estudei e recebi meu preparo inicial para o ministério pastoral e posteriormente retornei para lecionar. E, quando decidi continuar meus estudos no Canadá, foi o diretor Carlos Machado quem viabilizou um apoio inicial do SPS aos meus estudos.

Gostaria muito de poder também agradecer pessoalmente ao reverendo Joás Dias de Araújo, meu primeiro professor de pregação no SPS. Ele foi um dos responsáveis por eu amar a pregação da Palavra e querer me desenvolver nessa área. E, quando estava para se aposentar, foi ele quem me indicou para substituí-lo nas aulas de pregação no SPS. Se ele estivesse vivo, eu o convidaria para um café e lhe entregaria pessoalmente um exemplar deste livro.

Tenho gratidão também pela equipe pastoral e pelo conselho da Igreja Presbiteriana Comunidade da Vila, a qual tive o privilégio de plantar e pastorear durante dez anos. Foi, sem dúvida, o lugar onde fui mais desafiado a pregar de forma relevante. E foi onde eu pude me desenvolver como pregador. Assim que decidi vir para o Canadá, para dar continuidade aos meus estudos, recebi todo o apoio que precisei dessa igreja. Hoje vejo com alegria o crescimento e o desenvolvimento dela sob o pastorado dos pastores Marcos Botelho e Paulo Nazareth.

Quero registrar um agradecimento especial a dois professores e amigos que fiz ao longo de minha jornada. Em primeiro lugar, ao dr. John Rottman, professor de pregação no Calvin Theological Seminary. Foi ele quem me apresentou a nova homilética e me deu a oportunidade de ser seu professor assistente durante o meu mestrado no Calvin. Foi uma oportunidade importante que tive para meu desenvolvimento como professor. Em segundo lugar, ao dr. Paul Wilson, professor de pregação da Toronto School of Theology, da University of Toronto. Ele foi meu professor e orientador quando comecei o doutorado e foi quem me ajudou a me aprofundar no conhecimento da nova homilética. Ele também me permitiu trabalhar ao seu lado como professor assistente na Emmanuel College, da Victoria University, que faz parte da referida Toronto School of Theology. As aulas do professor Wilson, as conversas sobre pregação em seu escritório e as oportunidades que ele me deu de lecionar em seus cursos foram fundamentais para eu escrever este livro.

Sou grato também à Thomas Nelson Brasil, que se interessou pelo meu material e decidiu publicar este livro, e a todas as pessoas envolvidas neste projeto. Que Deus abençoe a todos os que direta e indiretamente contribuíram para que esta obra tomasse forma e chegasse às mãos de cada leitor.

APRESENTAÇÃO

A responsabilidade que me foi dada de fazer a apresentação do autor desta obra tornou-se um prazeroso exercício de memória de fatos passados, de percepção do mover gracioso de Deus em nossa vida e de celebração pelo fato de ele sempre fazer imensamente mais do que um dia imaginamos. Esse é o sentimento que toma meu coração ao iniciar este texto.

Em 1987, quando eu tinha apenas 19 anos, encontrava-me no meu segundo ano de seminário. Foi quando recebi o convite para auxiliar no cuidado pastoral da Igreja Presbiteriana de Pirituba, bairro da periferia da cidade de São Paulo. Minha responsabilidade, e grande desafio, seria acompanhar o grupo de jovens daquela comunidade local. Foi ali que vim a conhecer o Adrien.

Desde jovem, Adrien sempre foi muito passional e intenso no que se envolvia. Como militar, vivia contando dos treinamentos de guerra e das armas que havia manuseado e adquirido. Como jovem, sonhava em ter uma banda de música, mesmo não levando jeito algum para a coisa. No entanto, como cristão, vivia uma relação instável com Deus, sempre dividido entre o preço do discipulado e as aventuras com os amigos.

Durante os primeiros anos de nosso relacionamento, nossa amizade se intensificou por meio de encontros de discipulado que passei a ter com ele e dois dos seus principais amigos. Muitas conversas cruciais emergiram daqueles encontros. Mas, apesar da crescente consciência do projeto de Deus para sua vida, Adrien ainda se mostrava um tanto dividido e resistente.

Mas foi em 1989 que teve início um verdadeiro *turning point* na vida do Adrien. Em julho daquele ano, organizamos uma viagem missionária com um grupo de jovens à cidade de Camboriú, em Santa Catarina. Depois de aproximadamente dez dias tendo a oportunidade de visitar e consolar pessoas, compartilhar com elas o evangelho e pregar em encontros da igreja local, um novo e definitivo processo teve início em sua vida.

Ao retornar para nossa realidade na Igreja de Pirituba, ele imediatamente passou a atuar num projeto de plantação de uma nova igreja ao lado de uma das maiores favelas de nossa região. Não demorou muito para o Adrien me procurar, compartilhar sua angústia em ver a situação das crianças que viviam na favela e manifestar seu desejo de fazer algo que pudesse contribuir para mudar aquela realidade.

Foi assim que ele iniciou o que denominamos Projeto de Fé, destinado a acolher crianças no período em que não estavam na escola e oferecer a elas reforço escolar, alimentação e princípios da espiritualidade cristã. Esse projeto se tornou a semente de algo imensamente maior, a Associação Beneficente Betsaida, que chegou a atender mais de oitocentas crianças por dia.

Em 1991, depois de ter concluído o curso de graduação em administração de empresas, Adrien iniciou seus estudos no Seminário Presbiteriano do Sul com o objetivo de se tornar pastor ordenado. Paralelamente aos seus estudos teológicos, ele continuou atuando com afinco no apoio à plantação de novas igrejas na região de Pirituba.

Em 1995, nossos caminhos nos separaram por algum tempo. Deixei de ser pastor na Igreja Presbiteriana de Pirituba e mudei-me para os Estados Unidos, a fim de cursar o mestrado no Calvin Theological Seminary. Enquanto isso, Adrien terminou os estudos e se tornou inicialmente pastor auxiliar em nossa igreja, para em 1997 assumir o cargo de pastor titular. Se a história terminasse aqui, já teríamos muito o que celebrar.

Então, simultaneamente ao pastorado da igreja, Adrien começou a lecionar homilética no Seminário Bíblico do Brasil, em São Paulo. Começava ali uma nova paixão em sua caminhada, que o levaria, em 2003, ao Calvin Theological Seminary, para fazer mestrado na área de teologia, com especialização em homilética.

Na época, eu já me encontrava de volta ao Brasil e lecionava no Seminário Servo de Cristo, em São Paulo, no Seminário Presbiteriano do Sul, em Campinas, e plantava uma nova igreja. Tive algumas oportunidades de visitar o Adrien e sua esposa, Soraya, nos Estados Unidos, conversar sobre os desafios que ali enfrentavam e perceber a ansiedade deles com relação ao que seria da vida deles quando retornassem ao Brasil.

Em 2005, quando ele retornou ao Brasil, nossos caminhos voltaram a se unir de forma muito interessante. Em primeiro lugar, Deus abriu as portas para que ele se tornasse professor de homilética nas mesmas escolas que eu lecionava. Em segundo lugar, ele veio a assumir a responsabilidade por um grupo de pessoas com quem eu estudava a Bíblia por três anos, que se tornaria a Comunidade Presbiteriana da Vila Olímpia.

Ao longo do processo de plantação e consolidação dessa igreja, Adrien mostrou-se altamente envolvido com o Centro de Treinamento para Plantadores de Igrejas (CTPI), caminhando ao lado de outros plantadores, oferecendo treinamento e estabelecendo parcerias para a plantação de novas igrejas.

No entanto, em 2015 nossos caminhos voltaram a se distanciar. Adrien entendeu que seu tempo à frente da Comunidade Presbiteriana da Vila Olímpia havia se encerrado. Decidiu ir para o Canadá com o objetivo de fazer doutorado na área de homilética.

Nos últimos anos, muitas foram as experiências e situações não esperadas. Mas Deus continuou demonstrando sua graça e cuidado na vida do Adrien. Hoje ele vive na cidade de Toronto, com a esposa e a filha, pastoreia a New Hope Reformed Church, em Mississauga, na região Metropolitana de Toronto, e tornou-se o responsável pelo movimento de plantação de igrejas de sua denominação no Canadá

Em poucos parágrafos, procurei descrever os principais pontos de uma amizade que caminha para completar 35 anos. Conheci o Adrien quando ele era um jovem dividido entre seguir a Jesus ou viver a vida com os amigos. Vi o Adrien amadurecendo por meio dos desafios que a vida e o ministério pastoral lhe ofereceram. Mas a história ainda não acabou, e Deus continuará a fazer bem mais do que esperamos ou imaginamos.

RICARDO AGRESTE DA SILVA,
plantador e pastor titular da
Igreja Presbiteriana Chácara Primavera, Campinas, SP

PREFÁCIO

Em 2005, após o culto em uma igreja afro-americana em Detroit, duas turmas de pregação de diferentes escolas se reuniram para almoçar no bairro de Greektown. Ali conheci um jovem vindo do Brasil, Adrien Bausells, que era aluno do curso de mestrado em teologia no Calvin Seminary, em Grand Rapids, Michigan, na área de pregação. Eu lecionava na University of Toronto, e mantivemos contato depois que ele voltou a ministrar no Brasil. Por fim, ele acabou vindo com a família para fazer doutorado em homilética comigo e serviu como professor assistente. Adrien era um excelente aluno, gentil e prestativo com os alunos, e trabalhar com ele foi um verdadeiro prazer. Ele acabou traduzindo para o português um de meus livros, *As quatro páginas do sermão* (Vida Nova, 2020).

É, portanto, com grande satisfação e um sentimento de honra que me vejo agora escrevendo o prefácio desta sua obra, *A jornada da pregação*. E que belo caminho ele traça! De maneira clara, concisa e relevante, ele conduz pregadores inexperientes e experientes em uma excursão guiada por tudo o que é antigo e novo na pregação. E o mais importante: ele direciona os pregadores ao que é essencial nos sermões, ou seja, chegar a Deus de formas que façam diferença na vida das pessoas.

A maioria de nós, pregadores, sente que precisa de toda a ajuda que puder obter. Não apresentamos Deus toda vez que pregamos? Quando baseamos nossos sermões na Bíblia, Deus não é exaltado? A resposta surpreendente muitas vezes é "Não".

1) Os pregadores tendem a se concentrar no que as pessoas devem fazer e, embora isso seja importante, não é a plenitude do evangelho. Se pudéssemos salvar a nós mesmos, não precisaríamos de um Salvador. 2) Os pregadores podem chegar a Deus no sermão, mas normalmente só chegam ao julgamento de Deus ou às exigências de arrependimento, conversão e vida fiel. Todas essas coisas são essenciais para o discipulado, mas em si mesmas elas também ficam aquém do evangelho em sua plenitude. Se a ação humana é o enfoque mais importante da mensagem cristã, ela coloca o fardo principalmente sobre as pessoas para realizar o que é necessário. É como se o fato de Deus ter vindo a nós em Jesus Cristo, morrido por nós na cruz e nos enviado seu Espírito não fizesse diferença na vida diária. Se temos de nos salvar, se tudo depende do que fazemos, se não há ressurreição, como Paulo disse, "somos, de todos os homens, os mais dignos de compaixão" (1Coríntios 15:19).

Adrien Bausells conduz os leitores por uma confiável e surpreendente rota para o púlpito que ajuda os pregadores a evitar esses problemas e mostra como chegar ao evangelho em cada sermão. Na primeira parte da jornada, ele nos lembra da importância da pregação expositiva para a ministração bíblica e missionária. Bausells demonstra o que o movimento reformado sempre defendeu: uma hermenêutica redentora, ou seja, formas de ler a Bíblia que produzem fé, esperança e amor.

Um segundo caminho que ele mapeia e indica é a preparação do sermão. Ele nos leva passo a passo ao longo de uma jornada que abrange desde a escolha de um texto bíblico até a compreensão do que este diz em seu próprio tempo e contexto, e o que significa para nós hoje. Em dez pontos estratégicos, o autor propõe paradas que nos permitem realizar tarefas específicas, e cada uma delas nos aproxima mais do púlpito e da pregação propriamente dita.

O nobre objetivo de Bausells é ajudar os pregadores não apenas a proclamar o que está errado (o que ele chama de problema no texto bíblico), mas também a proclamar o que precisa ser feito e a ajuda que o Deus triúno oferece no processo. Evangelho significa boas-novas, a ajuda salvadora de Deus. Os atos divinos de salvação, encontrados no Antigo e no Novo Testamento, são vistos mais claramente na vida, morte, ressurreição, ascensão e segunda vinda de Jesus Cristo. Em outras palavras, o problema apontado pelo texto bíblico em qualquer sermão é resolvido por intermédio da graça que Deus oferece. No centro da fé cristã estão a Sexta-feira Santa, a Páscoa e um Deus que cumpre a morte que ameaça nos consumir, para trazer uma vida nova por meio da fé.

No que diz respeito aos problemas e lutas diárias que enfrentamos individual e universalmente, a vida nova em Cristo refere-se tanto à nossa vida futura final em união com Deus quanto à vida presente. O problema e a graça presentes no sermão levam ao que Bausells chama de missão. O sermão baseia-se então nestes três pilares: *problema, graça* e *missão*. A humanidade enfrenta grandes desafios hoje — pobreza, ganância, pandemias, mudanças climáticas, ameaças à verdade e à democracia —, e as pessoas precisam de uma palavra, não apenas quanto ao que devem fazer, mas algo da esperança genuína que Deus oferece a cada momento. A missão pode ser entendida como ação de poder e inspiração do Espírito a serviço de Deus e do próximo.

William Saffire, colunista do *The New York Times*, rastreou a origem de um negócio familiar remontando a um anúncio classificado de imóveis de 1926, no jornal *Chicago Tribune*: "Atenção vendedores e gerentes de vendas: localização, localização, localização".[1] A ideia por trás do anúncio era que, para um negócio de venda de imóvel ser bem-sucedido, a localização é tudo. Jeff Bezos, em seu meganegócio, a Amazon, alterou esse ditado para "tecnologia, tecnologia, tecnologia". No caso da pregação, pode-se dizer "contexto, contexto, contexto". Bausells deixa claro que, na pregação, o contexto da Bíblia, o contexto dos ouvintes e o contexto do pregador requerem atenção essencial. A Palavra de Deus chega às pessoas em contextos e experiências particulares. Deus oferece uma palavra específica para necessidades específicas. Os pregadores bem-sucedidos em falar ao mundo hoje usarão conceitos que correspondam à vida do jeito que as pessoas a conhecem e podem entender, e que lhes ofereçam ajuda e esperança genuínas.

Os pregadores que seguirem *A jornada da pregação*, de Bausells, descobrirão um novo entusiasmo por seu chamado e uma maior fé e maior gratidão em seus ouvintes. Uma qualidade que o torna um guia primoroso é seu amor por Deus, pela pregação, pelo ensino, pela igreja e pelo povo. Sua compaixão reflete o cuidado de Deus para com todas as pessoas, bem como as circunstâncias em que se encontram, mesmo com os pregadores.

Como fica evidente na obra de Bausells, o evangelho em nosso mundo geralmente não tem o final dos contos de fadas,

---

[1] William Saffire, "Location, location, location", *The New York Times*, 26 de junho de 2009. Disponível em: https://www.nytimes.com/2009/06/28/magazine/28FOB-onlanguage-t.html.

em que todos os problemas são resolvidos e os personagens vivem felizes para sempre. Nossa jornada implica serviço e sofrimento, mas o Cristo vivo hoje nos assegura que ele venceu até a própria morte. Naturalmente, as soluções para nossos problemas vêm por meio de nossa fé em Cristo. Mas a boa-nova é mais que uma resposta a um problema: é um relacionamento com o Deus vivo, que, em Jesus Cristo e no Espírito, escolhe viajar conosco, não importa aonde nossos caminhos possam dar ou que problemas encontremos ao longo do percurso. É aí que *A jornada da pregação* nos leva: ao relacionamento com Cristo, que nos acompanha em nossa caminhada e em quem podemos confiar totalmente.

PAUL SCOTT WILSON,
professor emérito de Homilética,
Emmanuel College, University of Toronto

INTRODUÇÃO

Este livro é fruto de uma jornada de mais de trinta anos como estudante, pregador e professor de pregação em seminários teológicos e institutos bíblicos no Brasil e fora do Brasil. Sempre considerei o ministério da Palavra um dos mais relevantes da igreja cristã, pois eu mesmo fui fortemente impactado por pregadores comprometidos com esse ministério e que foram usados por Deus para despertar em mim a vocação pastoral e o desejo de me aprofundar no estudo da homilética.

Ao longo da minha jornada como estudante, também deparei com grandes professores, que me inspiraram muito e colaboraram ricamente com a minha formação. Entre eles, não posso deixar de destacar o reverendo Joás Dias de Araújo, meu primeiro professor de pregação no Seminário Presbiteriano do Sul. Seu amor pela Palavra de Deus e seu coração pastoral marcaram profundamente a minha vida. Depois, durante meu mestrado no Calvin Theological Seminary, fui fortemente impactado pelo academicismo e competência do professor e doutor Sidney Greidanus. Além de me direcionar no uso de boas ferramentas exegéticas e hermenêuticas para a interpretação do texto bíblico, o professor Greidanus ajudou-me a consolidar uma teologia de pregação teocêntrica que fundamentou todo o meu ministério seguinte. Ainda no Calvin Seminary, preciso destacar o professor e doutor John Rottman, que foi meu orientador. Sabendo que eu voltaria ao Brasil para lecionar, ele me deu a oportunidade de ser seu professor assistente durante meu último ano do mestrado. Foi por meio dele que conheci a nova homilética, e também o doutor Paul Scott Wilson, autor do livro *As quatro páginas do sermão*, que eu viria a usar em minhas aulas e posteriormente traduzir para a língua portuguesa. O professor Wilson completa esse quarteto de professores especiais que marcaram a minha vida. Ele se tornou meu orientador no doutorado que iniciei na Toronto School of Theology, da Universidade de Toronto. O doutor Wilson convidou-me para ser seu professor assistente, e suas aulas e o convívio próximo com ele contribuíram grandemente para o meu aprofundamento acadêmico.

Quando ensino sobre pregação, esses professores ensinam comigo. Eles me inspiraram a escrever este livro, que é o resultado de minha jornada como pregador da Palavra de Deus. Nele, de forma simples e prática, procuro ajudar outros pregadores a encarar o desafio contemporâneo da pregação, que é pregar e aplicar uma mensagem relevante, a partir das Escrituras, a uma audiência imersa na cultura pós-moderna e em constante ebulição. Como certa vez me disse o professor Sidney Greidanus, os pregadores contemporâneos têm pregado o Texto Antigo para um mundo pós-moderno utilizando ainda as ferramentas homiléticas modernas. Dá para entender o tamanho de nosso desafio?

Mas a Palavra de Deus é a mesma ontem, hoje e sempre. E, se quisermos ser eficazes na pregação contemporânea, precisamos entender como pregar a Palavra de Deus em uma cultura fortemente marcada pelas ideologias sociais e culturais da cosmovisão pós-moderna, que não só influenciam sua forma de entender o mundo mas, por consequência, moldam sua forma de ouvir a pregação.

INTRODUÇÃO

Neste livro, procuro ajudar os pregadores e pregadoras contemporâneos a entender a tarefa da pregação neste mundo em transformação e a se mover com facilidade do texto bíblico ao púlpito, seja este qual for e onde estiver. Simplicidade não é sinônimo de superficialidade.

Meu objetivo é oferecer aos que se sentem chamados a pregar a Palavra de Deus e a apresentar as boas-novas do evangelho — leigos, estudantes de teologia ou mesmo pregadores experimentados — uma boa teologia da pregação e um passo a passo para o preparo e a entrega de sermões bíblicos, expositivos e missionais.

Para isso apresento a tarefa da pregação como uma grande jornada repleta de percursos, destinos e paradas obrigatórias para tarefas específicas do preparo e entrega do sermão. E, assim como uma viagem precisa ser bem planejada pelo viajante, que também precisa estar preparado e equipado antes de colocar os pés na estrada, os pregadores precisam estar equipados, conhecer o percurso e o território por onde vão passar e planejar o caminho para que a jornada da pregação seja bem-sucedida.

Na primeira parte do livro, ofereço aos leitores uma teologia da pregação com o objetivo de preparar e equipar os pregadores e pregadoras para a jornada que estão prestes a iniciar. Eles precisam saber claramente por que foram chamados para pregar, qual a razão da pregação, em qual contexto pregarão, quais ferramentas precisam ter à disposição na bagagem de mão, qual o caminho a seguir e quais perigos devem ser evitados durante a jornada.

Em seguida, na segunda parte, apresento de forma prática o caminho das pedras, ou seja, o mapa dos percursos dessa fantástica jornada; o passo a passo da jornada da pregação que se inicia com a escolha do texto bíblico e se prolonga até a entrega do sermão. O passo a passo que apresentarei aqui é um guia para os pregadores percorrerem as três etapas da jornada: a interpretação bíblica; a composição do manuscrito; a entrega do sermão.

Cada uma dessas etapas do percurso é composta de algumas paradas estratégicas nas quais os pregadores precisam realizar algumas tarefas fundamentais que se completam ao longo da jornada. À medida que esses passos vão sendo dados, o trabalho exegético, hermenêutico e homilético vai se completando.

O caminho é longo e trabalhoso, mas, ao final dessa fantástica jornada, os pregadores estarão prontos para pregar a Palavra de Deus de maneira clara e relevante aos seus ouvintes e comunidades, pois em decorrência desse trabalho terão nas mãos sermões bíblicos, expositivos e missionais, com fidelidade textual e aplicação contextualizada.

Uma boa jornada a todos os que foram chamados para o ministério da Palavra!

PRIMEIRA PARTE

A TEOLOGIA
DA PREGAÇÃO

1

PREPARANDO-SE PARA A JORNADA DA PREGAÇÃO
UMA TEOLOGIA DA PREGAÇÃO

Nesta primeira parte do livro, quero incentivar os pregadores a se prepararem para o início da jornada da pregação, pois antes de colocar o pé na estrada precisamos conhecer bem o chão em que estamos pisando, ou seja, a nossa herança homilética e o contexto para o qual pregamos agora. Precisamos também ter uma compreensão mais profunda do que seja a pregação bíblica, expositiva e missional, que é o objetivo a ser alcançado. E, claro, precisamos percorrer essa jornada alicerçados em uma boa teologia da pregação que nos guie durante todo o percurso, como bem afirma John Stott:

> Para se pregar a Palavra de Deus em um mundo que parece tanto não a desejar quanto não estar apto para ouvi-la, o segredo essencial não é articular certas técnicas, mas ser articulado por

certas convicções. Em outras palavras, teologia é mais importante que metodologia. [...] Técnicas fazem de nós apenas oradores; se quisermos ser pregadores, teologia é o que necessitamos.[1]

NOSSA HERANÇA HOMILÉTICA

O mundo em que pregamos hoje é muito diferente daquele no qual os grandes pregadores do passado desenvolveram as metodologias homiléticas que influenciaram gerações de pregadores e professores de teologia no Brasil desde o início do século 20. Entre eles, destaca-se John A. Broadus (1827-1895), pastor batista e professor do Seminário Batista do Sul em Louisville, Kentucky. Considerado um dos melhores pregadores americanos de seu tempo, publicou a primeira edição do famoso livro *On the preparation and delivery of sermons*[2] em 1870. Essa obra teve várias edições publicadas em várias línguas, e até hoje seu conteúdo e metodologia são ensinados em muitos seminários teológicos de nosso país.

Outro acadêmico que influenciou fortemente a pregação no Brasil, principalmente no meio reformado, foi Andrew Watterson Blackwood (1822-1966), pastor presbiteriano e professor em Princeton por muitos anos. Em 1948, publicou o livro *The preparation of sermons*,[3] que alguns dos meus professores

---

[1]John Stott, *Between two worlds: the art of preaching in the twentieth century* (Grand Rapids: Eerdmans, 1982), p. 92.

[2]James A. Broadus, *On the preparation and delivering of sermons* (San Francisco: Harper & Row, 1979) [edição em português: *Sobre a preparação e entrega de sermões* (São Paulo: Hagnos, 2009].

[3]Andrew Watterson Blackwood, *The preparation of sermons* (New York/Nashville: Abingdon Press, 1948), [edição em português: *A preparação de sermões* (São Paulo: Aste, 1981)].

do seminário usaram como base para suas aulas de pregação. A metodologia de Blackwood está também ainda muito presente hoje, principalmente no meio reformado.

Esses e outros grandes acadêmicos desenvolveram suas metodologias homiléticas entre os séculos 19 e 20 como uma resposta à cosmovisão moderna prevalente na época. E, sem dúvida, suas metodologias estavam em sintonia fina com o contexto e a cultura de um tempo caracterizado pelo racionalismo cartesiano. Nessa época, segundo Stanley Grenz:

> A busca intelectual do ser humano elegera como seu objetivo revelar os segredos do universo para pôr a natureza a serviço do homem, criando um mundo melhor. Essa busca culminou na modernidade característica do século 20, cujo empenho tem sido infundir na vida um gerenciamento racional capaz de aperfeiçoar a existência humana por intermédio da tecnologia.[4]

Dessa forma, os métodos de pregação desenvolvidos por eles, e que ainda hoje são utilizados por muitos pregadores que conheço, tornaram-se fortemente caracterizados por estruturas lógicas e racionais, carregados de pontos e subpontos que continham argumentações desenvolvidas para provar a tese principal do sermão, geralmente apresentada no tema da mensagem, também chamada de ideia central ou proposição. O conteúdo do sermão era organizado em uma estrutura homilética adequada para alcançar a mente do ouvinte da época. O objetivo era convencê-lo a respeito da verdade pregada e explicada por

---

[4]Stanley Grenz J., *Pós-modernismo: um guia para entender a filosofia do nosso tempo* (São Paulo: Vida Nova, 1997), p. 18.

meio de argumentações lógicas, mesmo que tivessem um conteúdo moral e espiritual. O manuscrito do sermão, quando pronto, parecia-se com uma tese ou com uma monografia, bem apropriada à leitura e à reflexão.

O MUNDO EM QUE PREGAMOS

O mundo em que pregamos hoje mudou desde que os métodos homiléticos modernos foram desenvolvidos. Vivemos em um mundo diferente. Ao longo das últimas décadas experimentamos uma verdadeira revolução tecnológica nos meios de comunicação. Vimos o surgimento dos computadores de mão, dos *smartphones* e de todas as plataformas de mídias sociais, que trouxeram o mundo inteiro para dentro da nossa casa ou, por que não dizer, do nosso bolso. Essas mudanças vêm influenciando a maneira de as novas gerações compreenderem o mundo e se comunicarem, e acabaram por desenvolver uma cultura visual fortemente marcada por imagens e movimento, como explica Henry David Shuringa:

> Várias perspectivas no desenvolvimento social levam-nos a designar a nossa era como "a era da tecnologia", "a era da eletrônica", "a era do computador", "a era da revolução cibernética" ou alguma outra "era". Entretanto, mais do que nunca, vivemos na "era visual".[5]

---

[5]Henry David Shuringa, *Hearing the Word in a visual age: a practical theological consideration of preaching within the contemporary urge to visualization*, tese de doutorado (Theologische Hogeschool van de Gereformeerde Kerken in Nederland, 1995), p. 4.

Embora essa cultura seja marcada pelo forte estímulo visual e o mundo tenha mudado tanto, em muitos meios cristãos a pregação mudou bem pouco ao longo dos tempos. Poucos levam em conta a importância das imagens e movimentos em seus sermões e quando usam algum tipo de recurso visual nem sempre fazem o melhor uso deles. Não é à toa que já há muito tempo Hans-Dieter Bastianl afirmou: "Em termos de técnicas de comunicação, o sermão ocupa o mesmo lugar que a lâmpada de querosene em termos de técnicas de iluminação".[6]

Essa é uma dura constatação, pois enquanto o mundo tem ficado cada vez menos moderno e cada vez mais pós-moderno, muitos pregadores têm perpetuado um estilo de pregação cada vez menos sintonizado com o que vivemos hoje. Em muitos lugares e igrejas, a pregação continua sendo como era cem anos atrás.

Meu professor Sidney Greidanus, falando sobre o contexto atual da pregação em uma de suas aulas, atestou que o grande desafio da pregação nestes tempos pós-modernos é continuarmos pregando o texto antigo para um mundo pós-moderno utilizando ferramentas homiléticas modernas.[7] Realmente, existe um abismo entre a nossa cultura e o mundo do texto antigo, e entre a nossa cultura e a metodologia de pregação moderna. Por isso, Graham Johnston afirmou: "Uma grande pregação é uma pregação relevante, mas o que parecia efetivo na comunicação

---

[6]Nelson Kirst, *Rudimentos de homilética sagrada* (São Paulo/São Leopoldo: Paulinas/Sinodal, 1985), p. 23.

[7]Sidney Greidanus foi professor de Pregação no Calvin Theological Seminary. Ele fez essa afirmação em uma de suas aulas ministradas no programa de mestrado em teologia, no ano de 2003.

do evangelho a uma audiência moderna pode não funcionar bem na cultura pós-moderna".[8]

Claro que não devemos desconsiderar todo trabalho e contribuição dos grandes pregadores que nos precederam. Mas, assim como eles fizeram, devemos entender nosso contexto e repensar as metodologias homiléticas de forma a tornar nossa pregação mais efetiva para nossa cultura. Os ouvintes de hoje precisam de menos argumentação lógica e mais experiências palpáveis para se envolverem com a mensagem. O sermão deve considerar a necessidade que as pessoas têm de movimento e de enxergar o que está sendo dito. Por isso, uma das grandes mudanças — e talvez a mais significativa — que vem ocorrendo na pregação contemporânea está relacionada com a forma do sermão, ou seja, a estrutura homilética. Segundo Fred Craddock:

> Forma não é uma simples estrutura, um cabide, uma linha sobre a qual alguém despeja a sua apresentação, mas a forma por si só é ativa e contribui efetivamente com aquilo que o pregador deseja dizer e fazer. Às vezes, não é menos persuasiva que o próprio conteúdo.[9]

A nova homilética, que é uma tentativa de comunicar a Palavra de Deus de forma eficaz no contexto do ouvinte pós-moderno, tem como pressuposto a desconstrução das formas clássicas dos sermões, geralmente estruturados em pontos e argumentações lógicas, e a sugestão de formatos mais narrativos

---

[8]Graham Johnston, *Preaching to a postmodern world: a guide to reaching twenty-first century listeners* (Grand Rapids: Baker, 2001), p. 15.

[9]Fred Craddock, *Preaching* (Nashville: Abingdon, 1985), p. 172.

para o sermão. Em vez de uma tese seguida de argumentações, tem-se um movimento seguindo um enredo bem elaborado. Como sugere Paul Scott Wilson:

> O pensamento contemporâneo também sugere que o sermão bíblico ou as homilias não sejam estruturados primariamente na base da argumentação lógica e persuasiva. De fato, defende-se um enredo ou uma direção narrativa.[10]

A valorização de sermões narrativos resgata o poder da história dentro do sermão. É uma transição de um movimento dedutivo, próprio da modernidade, para um movimento mais indutivo na pregação pós-moderna. Ou seja, em vez de o pregador tentar convencer os ouvintes das verdades bíblicas por meio de uma argumentação categórica, ele prefere convidar os ouvintes a segui-lo em uma jornada na qual as verdades vão sendo descobertas ao longo do caminho, à medida que o sermão vai se desenrolando. É o próprio ouvinte, conduzido pelo pregador, que chega à conclusão das verdades bíblicas e como elas se aplicam à sua vida.

Ser narrativo não significa fazer do sermão simplesmente uma história, mas levar em consideração os movimentos narrativos do texto e do contexto e até mesmo teológicos, como o movimento narrativo da história da redenção, que segue o enredo da Criação, Queda, Redenção e Consumação. Esses movimentos podem servir de base para a elaboração de um esboço homilético, como veremos mais adiante.

---

[10]Paul Scott Wilson, *Imagination of the preaching: new understanding in preaching* (Nashville: Abingdon, 1988), p. 23.

A PREGAÇÃO BÍBLICA, MISSIONAL E EXPOSITIVA

Pregamos a Palavra de Deus revelada nas Escrituras, por isso a nossa pregação é bíblica. Mas ela também deve ser missional e expositiva. Mas o que isso significa?

O CARÁTER MISSIONAL DA PREGAÇÃO

Ainda existe um pouco de confusão no meio cristão sobre o que realmente significa ser missional. Alguns reduzem esse significado à ideia de envio de missionários a lugares distantes, para que realizem um trabalho evangelístico. Outros entendem que ser missional é ter dentro da igreja um departamento responsável por elaborar iniciativas de evangelização ou de apoio a missionários nacionais ou internacionais. Embora esses tipos de iniciativas sejam parte do que significa ser missional, o conceito é muito mais abrangente. Ser missional não se baseia apenas naquilo que a igreja faz. Ser missional está muito mais relacionado com aquilo que uma comunidade cristã é:

> Uma comunidade criada pelo Espírito [...] tem uma natureza ou essência única, que dá a ela uma identidade única. Então, é à luz da natureza da igreja que a conversa missional explora o que a igreja faz.[11]

Assim, uma igreja é missional quando está completamente envolvida por sua vocação, quando esta se torna cumprir a missão de Deus no mundo. Uma igreja é missional quando sua visão, valores e ações refletem seu completo envolvimento com

---

[11]Craig van Gelder, *The ministry of the missional church: a community led by the Spirit* (Grand Rapids: Baker, 2007), p. 16-7.

a missão de Deus. Em última instância, a igreja não é missional porque faz algo. Ela faz algo porque é missional. Por exemplo, ela prega porque é missional. Assim, uma igreja missional deve ter também uma pregação missional.

Segundo Michael W. Goheen, assim como em Gênesis 12 Deus chama Abraão e o envia com uma missão — ser bênção para todas as nações —, em Lucas 24 e Atos 1:8 Jesus envia os discípulos às nações com uma missão: anunciar as boas-novas de salvação, de que por meio de Jesus Cristo Deus está perdoando o pecador. Essa é a missão de Deus no mundo, da qual a igreja — a comunidade que surge em torno da missão — é o instrumento de Deus para cumpri-la. Portanto, a igreja surge como a comunidade da missão. Uma comunidade missional, cuja pregação passou a moldar e sacudir o mundo em que os discípulos viviam. Uma comunidade cuja pregação é missional.[12]

Após o cumprimento da promessa de Atos 1:8 — o revestimento dos discípulos com o poder do Espírito Santo —, o apóstolo Pedro prega a milhares de pessoas em Jerusalém, durante a festa de Pentecostes, e no centro de sua mensagem está o testemunho do evangelho exatamente como Jesus havia explicado: "Deus ressuscitou este Jesus, e todos nós somos testemunhas desse fato" (Atos 2:32). Em seguida Pedro prega no templo para os judeus de Jerusalém, e novamente encontramos o testemunho do evangelho no centro da mensagem conforme Jesus havia ordenado: "Vocês mataram o autor da vida,

---

[12]Michael W. Goheen, *A missional reading of Scripture and preaching* (Grand Rapids: Calvin Theological Seminary, conferência "A Missional Reading of Scriptire", 20 de novembro de 2013).

mas Deus o ressuscitou dos mortos. E nós somos testemunhas disso" (Atos 3:15).

Em consequência dessa pregação missional, muitos se arrependem e se tornam, com os apóstolos, a comunidade dos discípulos de Jesus. E essa comunidade reflete em sua natureza o caráter missional conforme descrito por Lucas em Atos 2:42-47 e Atos 4:32-35. E, no centro da sua existência, encontramos a pregação do evangelho: "Com grande poder os apóstolos continuavam a testemunhar da ressurreição do Senhor Jesus, e grandiosa graça estava sobre todos eles" (Atos 4:33).

O impacto da pregação missional dos apóstolos e da igreja foi tão grande que a fé cristã chegou e continua chegando até os confins da terra. Isso acontece porque essa pregação tem como ponto central o evangelho, que, segundo o apóstolo Paulo, é o poder de Deus para a salvação de todo aquele que crê (Romanos 1:16). Assim, a igreja missional prega o evangelho, pois é do agrado de Deus salvar os que creem por meio da loucura da pregação (1Coríntios 1:21).

Com tudo isso em mente, podemos concluir que a pregação missional está muito mais relacionada com o objetivo da mensagem que com a estrutura do sermão. Mas é claro que a estrutura se torna uma ferramenta importante para que o conteúdo possa ser transmitido de maneira mais clara possível aos ouvintes contemporâneos e o objetivo seja alcançado.

O CARÁTER EXPOSITIVO DA PREGAÇÃO

Já está claro que nossa pregação deve ser missional e que isso está relacionado primariamente com o conteúdo e o propósito da pregação. Entretanto, além de missional, a pregação também precisa estar fundamentada nas Escrituras, ou seja, falar o que as Escrituras falam de forma que seja relevante aos ouvintes. Assim, a pregação também deve ser expositiva.

De modo geral, a pregação bíblica tem sido identificada como expositiva. O problema é que na maioria das vezes a compreensão que se tem a respeito do que seja uma pregação expositiva é reduzida à questão da forma do sermão ou do tamanho do texto bíblico. Por exemplo, muitos consideram sermão expositivo apenas aquele que apresenta uma explicação versículo por versículo de um texto longo ou aquele focado na exposição da estrutura literária da passagem bíblica, utilizada como base para a construção da estrutura homilética do sermão. É claro que esses tipos de sermão podem ser considerados expositivos, mas não são as únicas formas de pregar expositivamente.

Por isso, precisamos definir o que significa ser expositivo, e uma das melhores definições de pregação bíblica expositiva é a do teólogo alemão Karl Barth, que disse:

> A prédica (pregação) é a tentativa — ordenada à igreja — de servir a Palavra de Deus através de uma pessoa vocacionada para tal finalidade; e isso de tal modo que um texto bíblico seja explicado em fala livre a seres humanos da atualidade, como algo que lhes diz respeito e como anúncio daquilo que eles têm de ouvir do próprio Deus.[13]

---

[13]Nelson Kirst, *Rudimentos de homilética* (São Leopoldo: Sinodal, 2007), p. 18.

A definição de Barth aponta para alguns princípios fundamentais que fazem da pregação bíblica também uma pregação expositiva. São eles: a iniciativa de Deus; a responsabilidade da igreja de encarar esse ministério como um serviço; a centralidade da Palavra de Deus como a base para a pregação; o aspecto vocacional do pregador; a relevância da mensagem para os ouvintes contemporâneos. Perceba como existem muito mais coisas envolvidas na pregação expositiva, mas nenhuma dessas características fundamentais apresentadas por Barth se refere à forma do sermão ou ao tamanho do texto.

Segundo Sidney Greidanus, a pregação expositiva é muito mais que simplesmente basear a mensagem em uma passagem bíblica extensa, extrair dela os principais pontos e subpontos ou explicar versículo por versículo da passagem. Ele afirma:

> A pregação expositiva é a "pregação centrada na Bíblia". Ou seja, manusear o texto "de tal forma que o significado essencial e real seja manifesto e aplicado às necessidades atuais dos ouvintes, como ele existe na mente do escritor bíblico em particular e como ele existe à luz de todo o contexto da Escritura".[14]

Essa definição de Greidanus destaca outro aspecto importante da pregação expositiva: a necessidade de uma exegese que leve o pregador para o contexto do autor bíblico, a fim de compreender qual era o real significado do texto para seus destinatários originais. Isso implica o uso das ferramentas exegéticas e hermenêuticas a fim de transpor os abismos históricos,

---

[14]Sidney Greidanus, *O pregador contemporâneo* (São Paulo: Cultura Cristã, 2006), p. 26.

culturais, literários e linguísticos que separam os pregadores contemporâneos dos autores bíblicos.

Haddon Robinson, em sua definição de pregação expositiva, destaca mais três questões fundamentais: a participação do Espírito Santo; o foco na compreensão do conceito bíblico tratado no texto específico da pregação, o qual ele chama em seu livro de a "grande ideia"; a importância de a mensagem falar primeiramente ao pregador antes de ser aplicada aos ouvintes. Ele diz:

> A pregação expositiva é a comunicação de um conceito bíblico derivado de e transmitido através de um estudo histórico, gramatical e literário de uma passagem em seu contexto, que o Espírito Santo primeiramente aplica à personalidade e experiência do pregador, e depois, através dele, a seus ouvintes.[15]

Bryan Chapell concorda com Robson e explica que sermão expositivo é aquele que explora um conceito bíblico extraído de uma passagem. Ele diz:

> O sermão expõe as Escrituras tomando de um texto específico tanto os pontos e subpontos que revelam o pensamento do autor quanto o escopo da passagem e aplicando-os à vida dos ouvintes [...] Qualquer sermão que explora um conteúdo bíblico em um sentido mais amplo é expositivo.[16]

---

[15]Haddon Robinson, *Pregação bíblica: o desenvolvimento e a entrega de sermões* (São Paulo: Shedd, 2002), p. 21.

[16]Bryan Chapell, *Christ-centered preaching: redeeming the expository sermon* (Grand Rapids: Baker Academy, 1984), p. 128-9 [edição em português: *O sermão cristocêntrico: modelos para a pregação redentiva* (Cultura Cristã, 2019)].

Apesar de Chapell ser partidário da ideia de que um sermão expositivo é aquele que extrai de um texto específico os pontos e os subpontos, sendo um método bem dedutivo, ele ressalta que o conceito bíblico extraído de tal texto deve ser explorado em seu sentido mais amplo, ou seja, à luz do contexto bíblico como um todo.

John Stott, por sua vez, deixa claro que toda pregação verdadeira é pregação expositiva. O termo "expositivo", portanto, refere-se mais ao conteúdo da mensagem que ao método utilizado na pregação. Ele afirma:

> Se ele [o texto] é longo ou curto, nossa responsabilidade como expositores é esclarecê-lo de tal forma que transmita sua mensagem de maneira clara, aberta, correta, relevante, sem adição, subtração ou falsificação.[17]

Na mesma direção de Stott, caminha Hernandes Dias Lopes em seu livro *Pregação expositiva*, onde explica sua compreensão do que seja a pregação expositiva:

> Há outros estilos de pregação, como a tópica e a textual. Todavia, independentemente do estilo — tópica, textual ou *lectio continua* — a pregação pode ter caráter expositivo desde que tenha o compromisso de explicar o texto da Escritura, segundo o seu significado histórico, contextual e interpretativo, transmitindo aos ouvintes contemporâneos a clara mensagem da palavra de Deus com aplicação pertinente. Seria perfeitamente

---

[17]John Stott, *Between two worlds*, p. 125-6.

possível classificar a pregação expositiva como pregação expositiva textual, pregação expositiva tópica e pregação expositiva *lectio continua*".[18]

As definições desses grandes estudiosos desmistificam uma compreensão equivocada que muitos pregadores têm hoje em dia sobre a pregação expositiva, ou seja, de que se trata de algo relacionado apenas com a forma do sermão, especialmente com a forma dedutiva, desenvolvida pelos acadêmicos modernos. Entretanto, o que torna uma pregação expositiva não é a forma, e sim o processo no qual o sermão foi desenvolvido e o seu conteúdo, ou seja, a jornada da pregação que envolve nossas convicções teológicas, nossa postura diante do texto bíblico, a centralidade da Palavra no processo de preparo do sermão e, consequentemente, o conteúdo da pregação. Portanto, não é a estrutura do sermão que determina se ele é ou não expositivo, mas seu conteúdo.

Diante de tudo isso, quero apresentar minha definição de pregação bíblica, expositiva e missional. A meu ver, a pregação expositiva não está relacionada com o tamanho do texto nem com a estrutura homilética do sermão, mas com toda a jornada da pregação. Nessa jornada, o pregador, guiado pelo Espírito Santo e amparado por um estudo sério do contexto histórico, cultural e literário do texto ou textos selecionados, explica a seus ouvintes o significado do texto bíblico em seu contexto original e, fundamentado em trabalho hermenêutico

---

[18]Hernandes Dias Lopes, *Pregação expositiva: sua importância para o crescimento da igreja* (São Paulo: Hagnos, 2008), p. 18-9.

consistente, aplicaesse significado na vida de seus ouvintes, de forma relevante e contextualizada, desafiando-os a uma resposta de fé diante do que ouvem do próprio Deus por intermédio da vida do pregador.

E o que determina se essa pregação bíblica e expositiva é também missional é a intenção do pregador em tornar sua mensagem cristocêntrica, de forma que o desenvolvimento do sermão aponte para o evangelho da graça de Deus. E, para que isso ocorra, é fundamental que o sermão aponte para pessoa de Cristo. Veremos como fazer isso mais adiante.

AS SETE CONVICÇÕES TEOLÓGICAS DO PREGADOR

Para seguirmos nessa jornada, precisamos estar firmados em algumas convicções teológicas, que servirão de bússola para nos orientar durante o caminho. Estas são as convicções que julgo fundamentais para o preparo de sermões bíblicos, expositivos e missionais:

PRIMEIRA CONVICÇÃO: DEUS É A RAZÃO DA PREGAÇÃO

A razão da pregação reside completamente em Deus, não em nós. A autoridade da pregação não está no pregador, mas no Deus que falou no passado, "muitas vezes e de várias maneiras aos nossos antepassados por meio dos profetas" e que continua falando "por meio do Filho, a quem constituiu herdeiro de todas as coisas e por meio de quem fez o universo", conforme Hebreus 1:1-2.

Deus falou e continua falando conosco. E a expressão máxima de sua Palavra é a encarnação: "No princípio era o Verbo, e o Verbo estava com Deus, e o Verbo era Deus. [...] E o

Verbo se fez carne e habitou entre nós, cheio de graça e de verdade, e vimos a sua glória, glória como do unigênito do Pai" (João 1:1,14).

Jesus Cristo é, portanto, a própria Palavra de Deus encarnada, a comunicação definitiva de Deus com o ser humano. Assim, quando um pregador se levanta para pregar a Palavra de Deus, ele o faz pela autoridade do Deus que falou e continua falando conosco por meio de Jesus Cristo. Sem essa convicção, seria melhor não pregar. Segundo John Stott:

> Por detrás do conceito e da prática da pregação repousa a doutrina de Deus, ou seja, a convicção a respeito do seu Ser, de suas ações e de seus propósitos. [...] O tipo de Deus em que acreditamos determina o tipo de sermão que pregamos".[19]

Acreditamos em um Deus que fala conosco por meio de sua Palavra, que nos ama e que quer se relacionar conosco. Assim, quando o pregador mergulha em um relacionamento íntimo com Deus, ele prega a partir de algo que ouviu do próprio Deus durante suas meditações, estudos e devoção. Sem esse relacionamento estreito com Deus, o pregador apenas pregará o que leu em algum lugar ou o que ouviu falar a respeito de Deus.

SEGUNDA CONVICÇÃO: FOMOS CHAMADOS PARA PREGAR

Outra convicção fundamental para a nossa jornada da pregação é a consciência de nossa vocação. Os pregadores precisam da convicção de que foram chamados por Deus para pregar a Palavra.

---

[19]John Stott, *Between two worlds*, p. 93-4.

Pregamos porque o Deus que falou e continua falando com a criação nos encarregou dessa tarefa. A igreja recebeu de Deus a responsabilidade de pregar sua Palavra. A Bíblia testifica que Jesus Cristo comissionou os discípulos para espalhar o evangelho por todas as nações da terra (Mateus 28:18-20). Convictos dessa responsabilidade, os apóstolos enfatizaram a importância da pregação no próprio ministério: "Quanto a nós, nos consagraremos à oração e ao ministério da palavra" (Atos 6:4).

E, como a igreja tem a responsabilidade de pregar a Palavra de Deus, os cristãos são chamados de embaixadores de Cristo: "Somos embaixadores de Cristo, como se Deus estivesse fazendo o seu apelo por nosso intermédio" (2Coríntios 5:20).

Assim, o ministério da pregação é simultaneamente um dom, um presente e uma responsabilidade de Deus para a comunidade. Os pregadores devem ter consciência de que, em última instância, é Deus quem lhes confia essa responsabilidade e decide se a nossa pregação é a legítima expressão de nossa obediência ao seu comando.

TERCEIRA CONVICÇÃO: DEUS AGE POR MEIO DA PREGAÇÃO

Além disso, o pregador precisa ter a convicção de que Deus age por meio de sua Palavra e, consequentemente, da pregação. Segundo Sidney Greidanus, não existe na teologia bíblica nenhuma distinção entre a Palavra de Deus e os feitos de Deus. Ele explica:

> As palavras de Deus são seus atos no sentido de que elas realizam os propósitos dele. "Mediante a palavra do SENHOR foram feitos os céus, e os corpos celestes, pelo sopro de sua boca.

[...] Pois ele falou, e tudo se fez; ele ordenou, e tudo surgiu" (Salmos 33:6,9; cf. 107:20; 147:18).[20]

Assim, Deus fala, e as coisas acontecem. O pregador é o portador dessas Palavras que executam tanto o querer quanto o realizar de Deus. Quando pregamos, Deus age não apenas em nossa vida, mas também na vida dos que nos ouvem. É pela loucura da pregação que Deus está salvando os que creem, como afirma o apóstolo Paulo: "Visto que, na sabedoria de Deus, o mundo não o conheceu por meio da sabedoria humana, agradou a Deus salvar aqueles que creem por meio da loucura da pregação" (1Coríntios 1:21).

Por isso, a pregação cristã precisa ter um caráter missional, pois está a serviço da missão de Deus no mundo, que é salvar o pecador. Os pregadores têm de pregar com a convicção de que Deus os está usando por meio da loucura da pregação para salvar os que creem.

QUARTA CONVICÇÃO: AS ESCRITURAS DETERMINAM A MENSAGEM

Outra convicção importante para o pregador é que a Bíblia é de fato a Palavra de Deus escrita e determina a mensagem da pregação. A primeira parte dessa declaração — "a Bíblia *é* a Palavra de Deus escrita" — pressupõe duas importantes convicções por parte do pregador, as quais vêm sendo desafiadas em tempos pós-modernos: *revelação* e *inspiração*.

De acordo com a visão reformada, as Escrituras são inspiradas por Deus de modo sobrenatural. Entretanto, não foi um processo

---

[20]Sidney Greidanus, *The modern preacher and the ancient text: interpreting and preaching biblical literature* (Grand Rapids: Eerdmans, 1988), p. 2.

sem a participação humana. A inspiração divina respeitou a cultura, a cosmovisão, o contexto e as experiências de cada autor, de modo que as Escrituras foram escritas por Deus e pelo homem.

Homens inspirados pelo Santo Espírito de Deus registraram as palavras e os feitos de Deus. Assim, o que Deus disse e fez na história de Israel e em Cristo tornou-se disponível para todas as pessoas, em todos os lugares e em todos os tempos. "A Bíblia é a Palavra de Deus escrita, Palavra de Deus através das palavras humanas, ditas através de bocas humanas e escritas através de mãos humanas."[21]

A segunda parte da declaração acima — "a Bíblia determina a mensagem da pregação" — pressupõe a convicção de que o contexto cultural em que o pregador está envolvido pode levantar algumas questões a respeito de "como" pregar e aplicar a Palavra de Deus; entretanto, é a Escritura que sempre determinará "o que" falar.

Em muitos casos, é o desejo e o anseio dos ouvintes e dos pregadores que têm determinado o conteúdo da pregação hoje em dia. E esse conteúdo, muitas vezes, está longe de refletir a mensagem expressa na Palavra de Deus. Outro problema muito comum nos sermões atuais é que o sermão, por mais que tenha um conteúdo bíblico, nem sempre reflete a mensagem específica da passagem bíblica escolhida. Muitas vezes, o texto é apenas um pretexto para falar daquilo que já está no coração ou na mente do pregador.

Alguns pregadores são tentados a pregar apenas o que soa bem aos ouvidos dos ouvintes. Outros são tentados a apresentar

---

[21]Stott, *Between two worlds*, p. 97.

uma versão mais leve das verdades de Deus. Entretanto, como aponta Craig Loscalzo, é hora de apresentar um quadro autêntico da fé cristã neste tempo de relativismo, com o propósito de esclarecer equívocos em torno da fé.[22]

A responsabilidade do pregador contemporâneo é pregar a Palavra de Deus, como nos orienta o apóstolo Paulo em 2Timóteo 4:2-4: "Pregue a palavra". O pregador não pode negociar a totalidade da verdade de Deus no mundo. Algumas dessas verdades, como pecado e julgamento, podem não soar bem aos ouvidos pós-modernos. Entretanto, fazem parte da verdade das Escrituras e dão aos ouvintes a razão para o anúncio das boas-novas.

A responsabilidade do pregador é expor a Palavra do Deus que está em missão no mundo sem apresentar uma versão diferente. A Palavra de Deus é a mesma sempre, independentemente de cultura, época ou cosmovisão de mundo, e o pregador não pode negociar a sua integridade. A convicção de que as Escrituras determinam a mensagem da pregação também pressupõe que a Palavra de Deus é relevante e poderosa para mudar vidas hoje. De acordo com Stott:

> A Escritura é muito mais que uma coleção de documentos antigos nos quais a Palavra de Deus é preservada. É Palavra viva para pessoas vivas de um Deus vivo, uma mensagem contemporânea para um mundo contemporâneo. Pela pregação da Palavra de Deus, o mesmo Espírito que inspirou os autores bíblicos

---

[22]Craig Loscalzo, *Apologetic preaching: preaching Christ to a postmodern world* (Downers Grove: Intervarsity, 2000), p. 22-4.

está tocando as pessoas, mudando vidas, libertando pecadores e testificando sobre Jesus Cristo. Como o apóstolo Paulo declara: "Pois a mensagem da cruz..." (1Coríntios 1:18).[23]

A convicção de que Bíblia é a revelação inspirada de Deus é um dos desafios dos tempos pós-modernos. E, se as Escrituras não fossem a revelação inspirada de Deus, não poderiam ter autoridade sobre nós hoje, porque não seriam verdades de Deus, mas palavras humanas. Desse modo, se o pregador contemporâneo não tem a convicção de que as Escrituras são a revelação inspirada de Deus, todo o trabalho dele é sem significado, e a sua pregação não produz nada. Se o pregador não nutre a convicção de que as Escrituras falam a todas as culturas e contextos, ele corre o risco de sucumbir ao relativismo. Uma sincera convicção sobre as Escrituras assegura não só a autoridade de nossa pregação, mas também uma motivação honesta de pregar o que acreditamos.

Haddon Robinson reafirma essa convicção teológica. Segundo ele, o ponto de partida para o sermão é a passagem bíblica e seu conteúdo. É o conteúdo proposto pelo autor que deve determinar o conteúdo da exposição bíblica no sermão. Ele explica: "O pensamento do escritor bíblico determina a substância de um sermão expositivo".[24]A pregação expositiva, portanto, é mais uma filosofia que um método de pregação. "Você curva seu pensamento às Escrituras, ou emprega as Escrituras para apoiar seu pensamento?"[25]

---

[23]Stott, *Between two worlds*, p. 100.
[24]Robinson, *Pregação bíblica*, p. 22.
[25]Robinson, *Pregação bíblica*, p. 22.

QUINTA CONVICÇÃO: O ESPÍRITO SANTO ESTÁ ESTREITAMENTE RELACIONADO COM A PREGAÇÃO

Os resultados da nossa pregação dependem do Espírito Santo. Não podemos pregar sem essa convicção. Sem a ação do Espírito, não haveria pregação, apenas discurso humano. Sem a ação do Espírito Santo, os ouvintes não entenderiam a mensagem e os pregadores não cumpririam o ministério da Palavra. Pois, como o apóstolo Paulo explica, "nem olhos viram, nem ouvidos ouviram, nem jamais penetrou em coração humano o que Deus tem preparado para aqueles que o amam. Mas Deus no-lo revelou pelo Espírito; porque o Espírito a todas as coisas perscruta, até mesmo as profundezas de Deus" (1Coríntios 2:9-10). Por isso, segundo Nelson Kirst, "tudo o que é dito na Bíblia sobre o ouvir Deus deve ser entendido como um ouvir da fé!".[26]

Kirst ainda esclarece que essa estreita relação entre o Espírito Santo e a pregação pode ser observada em diversas passagens da Bíblia, como: (1) quando Jesus é batizado com o Espírito Santo e só depois da início ao seu ministério, conforme Marcos 1:9; (2) quando Jesus envia seus discípulos para pregar sobre o Reino, conforme Mateus 10:19, ele também promete o Espírito. O Espírito falaria por meio deles quando enfrentassem tribunais, governadores e reis; (3) quando o apóstolo Paulo declara que recebeu o Espírito de Deus, de forma que não falava em palavras pensadas pela sabedoria humana, mas pelo Espírito, conforme 1Coríntios 2:12 e Atos 9:17-20; (4) quando os discípulos receberam os dons do Espírito no Pentecostes,

---

[26]Kirst, *Rudimentos de homilética*, p. 12.

eles começaram a pregar. Pedro prega o grande sermão de Atos 2:14-16, e por consequência 3 mil pessoas se convertem.[27]

Dessa forma, em meio a essa cultura emergente, na qual os grandes absolutos são rejeitados e as verdades são consideradas relativas, o pregador contemporâneo deve colocar sua confiança na atuação do Espírito Santo, pois é ele quem faz com que a pregação imperfeita soe como palavras de Deus no coração dos ouvintes.

SEXTA CONVICÇÃO: A MENSAGEM DEVE FALAR PRIMEIRAMENTE AO PREGADOR

A pregação deve falar à vida e à personalidade do pregador antes de falar à vida dos ouvintes. A vida e a personalidade do pregador interagem com a mensagem. Por isso, a integridade do pregador é fundamental na pregação. Segundo Robinson:

> As pessoas do auditório não ouvem um sermão, ouvem um homem, ouvem você. [...] Deus está mais interessado em desenvolver mensageiros do que mensagens, visto que é através da Bíblia que o Espírito Santo nos confronta, precisamos, em primeiro lugar, aprender a escutar a Deus, antes de falarmos em nome dele.[28]

Uma vez que a Palavra faz sentido na vida do pregador, ela pode então ser aplicada à vida dos ouvintes. Um sermão expositivo e missional valoriza a aplicação, pois é isso que dá propósito à pregação. Assim, o pregador deve estudar as Escrituras em busca de respostas às próprias perguntas e aos temores de

---

[27]Kirst, *Rudimentos de homilética*, p. 15.
[28]Robinson, *Pregação bíblica*, p. 26.

seu rebanho. A pregação sem uma aplicação contextualizada à vida do pregador e dos ouvintes torna-se mera informação. Já uma aplicação eficaz "nos lança tanto na teologia como na ética. Passando da exegese para a aplicação, fazemos uma viagem difícil através de perguntas relacionadas com a vida e que por vezes causam perplexidade".[29]

SÉTIMA CONVICÇÃO: A MENSAGEM DEVE ESTAR CENTRADA NO EVANGELHO E NA PESSOA DE CRISTO

Por fim, se entendemos que a pregação deve ser expositiva e missional, fica claro que ela deve estar também centrada no evangelho e na pessoa de Cristo. Michael Horns afirma: "Se a nossa pregação não está centrada em Cristo — de Gênesis a Apocalipse —, não importa quão boa e útil, não é a proclamação de Palavra de Deus".[30]

Isso não significa pregar tão somente o evangelho, mas, a partir do texto escolhido para a pregação e pela teologia bíblica, chegar ao evangelho e à pessoa de Cristo. Devemos fazer isso pois só desse modo a nossa pregação será missional, porque o próprio Jesus nos mandou fazer assim e porque essa é a mensagem que pode sacudir este mundo pós-cristão em que vivemos. Ou, como conclui Greidanus:

> Deveríamos pregar explicitamente a mensagem de Jesus Cristo em nossa cultura pós-cristã. Na antiga cultura cristã, os pregadores podiam presumir que seus ouvintes indistintamente

---

[29]Robinson, *Pregação bíblica*, p. 29-30.
[30]Michael Horns, *Preaching Christ alone*. Disponível em: http://www.monergism.com/thethreshold/articles/onsite/preachChristalone.html.

iriam fazer conexões entre a mensagem do sermão e Jesus. Mas ninguém pode considerar essa hipótese em uma cultura pós--cristã. Se de alguma forma as pessoas ainda pensam em alcançar a Deus, elas estão inclinadas a pensar que existem muitos caminhos até ele. Os cristãos seguem um caminho, os judeus outro e os mulçumanos outro ainda. Eventualmente, todos se encontram no topo da mesma montanha. No entanto, se a Bíblia está correta, existe apenas um caminho até Deus: Jesus Cristo. Por isso, é crucial que em cada sermão preguemos explicitamente Jesus Cristo.[31]

Agora que já definimos uma boa teológica bíblica para a pregação e reafirmamos as convicções que servem para nos orientar na jornada da pregação, iremos preparar nossa bagagem de viagem e identificar os perigos do caminho, para que possamos seguir em segurança nossa jornada rumo à pregação bíblica, expositiva e missional.

A BAGAGEM DO PREGADOR

Ninguém começa uma jornada sem preparar a bagagem com os equipamentos necessários para a viagem. Assim, antes de embarcar, o pregador deve preparar sua bagagem de mão, ou seja, ter ao seu alcance os recursos adequados para o auxílio na compreensão do texto bíblico e do preparo do sermão. Quanto mais completa for essa bagagem, mais confortável e seguro será o percurso do pregador. Uma boa bagagem para a jornada da pregação é composta pelos seguintes itens:

---

[31]Sidney Greidanus, "Preaching Christ", *Forum* n. , v. 3, primavera de 2003, Calvin Theological Seminary.

BOAS EDIÇÕES BÍBLICAS

Sugiro que você tenha em mãos uma ou mais traduções da Bíblia. Uma boa tradução é a Nova Versão Internacional, que tem um cuidado especial com as divisões dos textos, em respeito às unidades literárias da Bíblia. Adquira também uma tradução contemporânea da Bíblia, com linguagem mais acessível aos nossos ouvidos. Uma boa sugestão é a versão A Mensagem (Vida), de Eugene Peterson, ou a Bíblia na Linguagem de Hoje (SBB). Entre as Bíblias de estudo, sugiro a *Bíblia de estudo de Genebra* (SBB) e a *Bíblia de estudo Shedd* (Vida Nova), que utilizam a versão Almeida Revista e Atualizada. Essas Bíblias trazem boas explicações exegéticas e contextuais no rodapé.

INTRODUÇÕES E COMENTÁRIOS

Os livros de introdução oferecem aos estudantes da Bíblia informações valiosas sobre o contexto histórico, cultural, literário e gramatical das passagens. Os comentários trazem as interpretações e conclusões de outros estudiosos bíblicos que podem nos ajudar também na compreensão do texto. Há também alguns bons softwares que podem ser adicionados em sua bagagem de mão e são grandes recursos para auxiliar na compreensão do texto. Entre eles, podemos citar Logos, Bible Works e The Olive Tree Bible Apocalipse.

DICIONÁRIOS, CONCORDÂNCIAS E ENCICLOPÉDIAS BÍBLICAS

Os dicionários e as concordâncias são importantes para entendermos o significado de palavras-chave e como são usadas pelo mesmo autor em outras passagens e contextos. As enciclopédias bíblicas trazem questões históricas, teológicas e filosóficas que também ajudam o estudante da Bíblia a entender melhor o texto.

COMPÊNDIOS DE TEOLOGIA BÍBLICA E SISTEMÁTICA

A teologia sistemática é uma interpretação bíblica que fundamenta as doutrinas cristãs abraçadas pelas igrejas. Ela serve de guia e de limite para nossa interpretação das Escrituras. Os livros de teologia bíblica geralmente abordam temas bíblicos à luz do contexto maior da Bíblia. Eles também são importantes para entendermos como as passagens se relacionam entre si e como um tema é desenvolvido ao longo da grande narrativa que percorre as Escrituras.

Os recursos apresentados acima são importantes e não podem faltar na bagagem de mão do pregador. Quanto mais ferramentas ele tiver à sua disposição, maior a possibilidade de aprofundamento na interpretação bíblica e no preparo do sermão. Mas tudo isso não é garantia de que tudo sairá bem nessa jornada. Sem a iluminação de Deus por meio de seu Espírito Santo sobre nossa mente e nosso coração, não seremos capazes de discernir a voz de Deus nem de aplicá-la à nossa vida e à vida dos ouvintes. Por isso, a oração deve sempre preceder o estudo e a pregação da Palavra de Deus, como deixa claro o apóstolo Paulo:

> Não cesso de dar graças a Deus por vós, lembrando-me de vós nas minhas orações, para que o Deus de nosso Senhor Jesus Cristo, o Pai da glória, vos dê em seu conhecimento o espírito de sabedoria e de revelação, tendo iluminados os olhos do vosso entendimento, para que saibais qual seja a esperança da

sua vocação e quais as riquezas da glória da sua herança nos santos (Efésios 1:16-18, ARC).

OS QUATRO PERIGOS DA JORNADA

Como em todas as jornadas em que nos aventuramos, precisamos estar sempre cientes das adversidades que podem surgir no caminho. Na pregação, não é diferente. Alguns perigos sem dúvida aparecerão pelo caminho, principalmente durante a jornada pela interpretação do texto bíblico. Esses perigos podem nos induzir a erros. Muitos deles são cometidos até de forma não intencional, entretanto são responsáveis por sermões antropocêntricos e com conteúdos mais parecidos com materiais de autoajuda. Esses equívocos acabam levando os ouvintes a uma compreensão incorreta da Palavra de Deus e alimentam expectativas infundadas a respeito do agir de Deus na vida deles.

Quero destacar aqui apenas alguns desses perigos e equívocos que julgo mais comuns e que às vezes passam despercebidos. Muitos deles soam muito bem aos ouvidos dos ouvintes, e eu mesmo já cometi esses erros inúmeras vezes ao longo de minha jornada como pregador. Mas nunca é tarde para acertar o passo na direção de uma interpretação correta das Escrituras. Então, vejamos a seguir os principais perigos na jornada da pregação e os equívocos a serem evitados na interpretação e na pregação bíblica:

PRIMEIRO PERIGO: APLICAR DE FORMA DIRETA

É a tentativa de fazer conexões diretas entre o texto bíblico estudado e a nossa realidade, sem considerar os contextos histórico, cultural e literário nos quais o texto foi escrito. É uma compreensão do texto à luz de nossa cultura e experiência que desconsidera o fato de que o texto foi escrito em outra língua, cultura, época e lugar. O resultado da aplicação direta de alguns textos pode refletir em práticas estranhas para os nossos dias, bem como em grandes equívocos doutrinários.

Um exemplo de aplicação direta é a compreensão que alguns cristãos têm das orientações de Paulo aos coríntios sobre o uso do véu na igreja.

> Toda mulher que ora ou profetiza com a cabeça descoberta desonra a sua cabeça; pois é como se a tivesse rapada. Se a mulher não cobre a cabeça, deve também cortar o cabelo; se, porém, é vergonhoso para a mulher ter o cabelo cortado ou rapado, ela deve cobrir a cabeça (1Coríntios 11:5,6).

Em algumas igrejas cristãs, por causa dessa orientação, ainda hoje não é permitido que as mulheres entrem no templo sem cobrir a cabeça com um véu. Entretanto, é sem dúvida uma orientação de Paulo que leva em consideração o contexto cultural e social da época.

Um pouco antes, Paulo deixa claro que o homem é o cabeça da mulher e que Cristo é o cabeça do homem. Naquela cultura, a mulher deveria demonstrar respeito e submissão ao marido. E as mulheres cristãs não deveriam se assemelhar às prostitutas sacerdotais que usavam cabelos curtos e não cobriam a cabeça em público, para deixarem claro quem eram e o que ofereciam. Portanto, quando a mulher cristã estava em público, usava um véu na cabeça para não ser confundida com uma prostituta e, quando ia orar e profetizar na igreja, também cobria o cabelo para não desonrar o marido nem blasfemar contra Deus.

Uma aplicação direta desse texto leva alguns grupos de cristãos a obrigar as mulheres a usar véu na igreja. Entretanto, o mais importante na interpretação dessa passagem é identificar o princípio que emana do texto, não a regra específica para determinado contexto ou situação particular. Existe um princípio por trás do imperativo dessa passagem, e uma aplicação direta, sem considerar o princípio original, resultará em um erro de aplicação para o nosso contexto. No contexto do apóstolo Paulo, o princípio que emana da passagem é que a mulher cristã da época não deveria viver como as mulheres pagãs, que não honravam o marido nem a Deus.

Esse princípio cristão é válido até hoje. Entretanto, em nosso contexto social não é a falta de um véu durante um culto na igreja que causará a desonra do marido e de Deus. Certamente, outras atitudes hoje podem causar tal desonra. Portanto, uma interpretação correta do texto deve recair sobre o princípio, não sobre a regra específica do uso do véu.

SEGUNDO PERIGO: TRANSFORMAR DESCRIÇÃO EM PRESCRIÇÃO

Ainda na tentativa de uma aplicação direta do texto bíblico, muitos acabam cometendo também o equívoco de transformar detalhes descritivos de uma passagem, especialmente das narrativas, em prescrições e regras para hoje. Esse tipo de interpretação, que tem como objetivo tornar prático o ensino, é bem comum nas mensagens de autoajuda. Não existe um padrão ou um princípio exegético para a interpretação — apenas a intuição do pregador. O problema é que todas as vezes que focamos em detalhes descritivos e tentamos transformá-los em prescrições e regras, acabamos interpretando mal a passagem e, consequentemente, aplicando-a mal também.

Por exemplo, já ouvi muitos pregadores, ao pregar sobre o texto de Marcos 10:46-52, que conta a história do cego Bartimeu, ressaltarem que assim como Bartimeu lançou fora a capa para ir ter com Jesus, provavelmente a única coisa de valor que ele possuía, também devemos nos desvencilhar de tudo o que tem grande valor em nossa vida para nos aproximarmos do Senhor. Ou seja, devemos renunciar algumas coisas para seguir a Jesus.

Pode até ser uma verdade espiritual contida na Bíblia, pois em outros textos encontramos Jesus dizendo que quem quisesse segui-lo precisava negar a si mesmo e tomar a sua cruz, mas certamente não é esse o significado específico no texto de Marcos. Trata-se apenas de um detalhe descritivo em uma narrativa, e não podemos torná-lo uma prescrição para nossos ouvintes simplesmente porque parece legal.

TERCEIRO PERIGO: ALEGORIZAR E MORALIZAR

Esse é um dos equívocos mais comuns em nossos dias. Ocorre quando o pregador, ao interpretar o texto bíblico, rejeita a realidade histórica, terrena e física da qual o texto fala e cruza a lacuna histórico-cultural com alegorias espiritualizadas ou moralistas a respeito da realidade do texto bíblico. Geralmente, as alegorias também estão relacionadas com uma tentativa de transformar descrição em prescrições espirituais ou morais.

Um exemplo muito comum de alegorização é o episódio em que Jesus dorme no barquinho, enquanto os discípulos, desesperados, tentam escapar de uma tempestade (Marcos 4:35-41). Por certo você já ouviu alguém dizer em uma pregação que o mar revolto é o mundo conturbado em que vivemos e que o barquinho é o nosso coração ou a nossa vida, mas que, se Jesus estiver em nosso barco, ou seja, em nossa vida, conseguiremos atravessar as tempestades que nos sobrevêm neste mundo conturbado.

Esse tipo de interpretação também é agradável aos ouvidos. E, de certa forma, a mensagem tem seu fundo de verdade, pois viver nem sempre é um mar de rosas, e enfrentamos problemas de toda sorte ao longo da vida. Entretanto, a tempestade que os discípulos enfrentaram era uma tempestade real, um fenômeno da natureza. E, se o pregador considerar mais atentamente o contexto da passagem, perceberá que toda a situação aponta para uma verdade maior, revelada no final da passagem, quando os discípulos atônitos exclamam: "Quem é este que até o vento e o mar lhe obedecem?".

Se observarmos com seriedade o desenvolvimento do livro de Marcos em seus primeiros capítulos, perceberemos que o evangelista apresenta uma série de narrativas a respeito de Jesus com o propósito muito claro de demonstrar quem ele é. E, em Marcos 1:21-34, Jesus é aquele que tem autoridade sobre as forças espirituais; em Marcos 1:40-45 Jesus é aquele que tem autoridade para curar os enfermos; em 2:1-12 Jesus é o próprio Deus que tem autoridade para perdoar pecados; em Marcos 4:35-41 Jesus é o Deus que tem autoridade sobre as forças naturais da terra. Esse é o ponto central da passagem.

O problema da alegorização e da moralização é que elas são interessantes e despertam a atenção e o entusiasmo das pessoas. Mas só deveríamos interpretar alegoricamente um texto quando ele for de fato uma alegoria, como é o caso das parábolas de Jesus. Mesmo, assim, devemos respeitar o significado e as correlações de significado que o autor dá à sua alegoria.

QUARTO PERIGO: PROPOR A IMITAÇÃO DE PERSONAGENS

Por fim, algo muito comum e perigoso é a tentativa de incentivar os ouvintes à imitação das posturas e atitudes de um personagem, por achar que esse é o objetivo do texto. Nem sempre o objetivo da passagem é apresentar um personagem como modelo do que fazer ou deixar de fazer. Um exemplo muito comum de imitação de personagem é Davi. Quem já não ouviu ou até mesmo pregou um sermão sobre Davi e Golias (1Samuel 17) e já não usou Davi como o padrão do verdadeiro servo de Deus, tomando algumas descrições de suas ações no embate com o gigante como exemplos a serem seguidos por nós em qualquer situação?

Já ouvi várias mensagens baseadas nessa passagem e intituladas "Derrubando gigantes", "Vencendo gigantes", "Detonando gigantes" ou algo assim, todas apontando para atitudes que devemos tomar hoje, baseado nas atitudes de Davi, para derrubar nossos gigantes. Por exemplo: (1) assim como Davi teve coragem de enfrentar Golias, devemos ter coragem de enfrentar nossos gigantes; (2) assim como Davi enfrentou Golias com as armas que conhecia, não com a armadura de Saul, devemos enfrentar nossos gigantes com as armas que Deus nos deu; (3) assim como Davi enfrentou Golias em nome do Senhor dos Exércitos, devemos enfrentar nossos gigantes em nome do nosso Deus.

Pensando assim, podemos criar inúmeros pontos e aplicações de acordo com nossas percepções e intuições. Entretanto, perceba que todos esses pontos ou aplicações estão focados no ser humano, e a consequência disso é um sermão antropocêntrico. Pregações desse tipo desconsideram o contexto histórico da passagem, como: (1) Por que Israel está em guerra contra os filisteus? (2) Quem deveria de fato enfrentar Golias? (3) Por que a batalha podia ser decidida em um duelo? (4) O que a passagem está revelando a respeito do próprio Deus? (5) Quem é Davi? Além disso, uma ameaça física como era o gigante Golias transforma-se, de forma alegórica, em problemas emocionais, sociais e espirituais.

Imagino que para quem já é pregador o que estou apontando como erro a ser evitado pode gerar certa controvérsia. Aconteceu comigo também, pois a maioria de meus sermões no início de meu ministério pastoral eram feitos na base da imitação de personagens. Mas quando entendermos que as Escrituras estão falando primariamente de Deus, entenderemos também que o uso de personagens como exemplos do que fazer e do que não fazer deve sempre ser feito na perspectiva do que o texto revela a respeito do próprio Deus. Ele é o personagem protagonista das Escrituras. Os demais personagens, por mais importantes que sejam, são coadjuvantes. Davi, por exemplo, foi coadjuvante de Deus para enfrentar Golias. Ele é um bom exemplo para nós apenas quando compreendido pela perspectiva do protagonismo de Deus nessa passagem.

A teoria por trás desse tipo de combate individual, descrito na passagem para definir a guerra entre o povo de Deus e os filisteus, era a crença de que o deus ou os deuses mais fortes garantiriam a vitória ao homem que eles escolhessem. Quando observamos o diálogo entre Davi e Golias na hora do duelo, percebemos que Golias invoca seus deuses, e Davi invoca o Senhor de Israel, Criador dos céus e da terra. A vitória, em última instância, é a vitória do Deus de Israel sobre os deuses pagãos. Observando ainda o contexto histórico da passagem, percebemos que nesse episódio Deus está exaltando Davi — o rei que ele próprio escolheu — diante de seu povo. Deus está deixando claro que Saul, o rei escolhido pelo povo por causa de sua aparência, não era o rei que Deus havia escolhido para liderar os israelitas. Por fim, Deus está também livrando Israel de sucumbir diante de um inimigo histórico em sua primeira experiência monárquica.

Para evitar esses equívocos de interpretação e de aplicação, precisamos definir um caminho seguro para seguir na jornada da pregação e transitar com assertividade entre o texto bíblico e o púlpito. Para isso, pretendo apresentar a partir de agora o mapa da jornada, um roteiro para o preparo de sermão. Esse roteiro é uma metodologia homilética que considera toda a teologia da pregação que vimos até aqui e tem como propósito principal o preparo e a entrega de sermões bíblicos, expositivos e missionais. Preparado? Então vamos colocar o pé na estrada!

SEGUNDA PARTE

A PRÁTICA
DA PREGAÇÃO

2

O ROTEIRO DA JORNADA DA PREGAÇÃO
DO TEXTO AO PÚLPITO

AS ETAPAS DA JORNADA

Agora que já temos uma boa teologia da pregação para nos guiar, precisamos estudar o mapa da jornada da pregação. Esse roteiro compreende um longo e árduo percurso que tem como ponto de partida o estudo do texto bíblico e culmina no púlpito, com a entrega do sermão, quando o pregador encontra seus ouvintes e prega a Palavra de Deus. Essa é uma jornada contínua, mas podemos identificar três etapas diferentes ao longo do percurso. São elas:

PRIMEIRA ETAPA: A JORNADA PELO ESTUDO DO TEXTO BÍBLICO

Após identificar a necessidade da comunidade e escolher o texto bíblico, o pregador se dedica ao estudo minucioso e profundo das Escrituras. Essa etapa envolve o trabalho exegético de interpretação histórica, literária, gramatical e teológica. É nesse momento que toda pedra no texto e em seu contexto deve ser revirada. As perguntas básicas que devem guiar a mente do pregador são: *Qual o significado deste texto para os seus primeiros destinatários? Como esta mensagem se aplica a nós?*

SEGUNDA ETAPA: A JORNADA PELA COMPOSIÇÃO DO SERMÃO

Uma vez que o texto bíblico foi estudado e compreendido em profundidade, o pregador passa a selecionar o conteúdo que usará para construir o sermão. Nesse momento, o pregador deve escolher a melhor estrutura homilética. É o momento de pensar cuidadosamente nas divisões; no estilo literário; naquilo que deve ser explicado sobre o texto; nas ilustrações, frases de efeito, introdução, conclusão etc. As perguntas que devem guiar a mente do pregador nessa etapa são: *O que apresentar para os ouvintes? Como organizar o conteúdo? Como ilustrar o ensino?*

TERCEIRA ETAPA: A JORNADA ATÉ A ENTREGA DO SERMÃO

É o momento do encontro do pregador com seus ouvintes. Ele deve ser precedido de um tempo de oração e preparo pessoal, no qual o pregador se familiariza com o conteúdo de seu sermão. O pregador precisa demonstrar segurança e domínio da matéria. A comunicação da mensagem envolve uma série de fatores, desde o estilo de comunicação do pregador até o ambiente onde o sermão é proferido. Um sermão mal pregado põe a perder todo o trabalho executado, mesmo que o conteúdo seja bom. As perguntas que devem guiar o pregador nessa etapa são: *Como apresentar bem o conteúdo do sermão para os meus ouvintes? Que recursos podem ser usados para facilitar a compreensão dos ouvintes?*

Essas três etapas são fundamentais para a tarefa da pregação. A primeira etapa está relacionada com o trabalho exegético e hermenêutico; a segunda, com o trabalho homilético; a terceira, com as disciplinas de técnicas de comunicação. Entretanto, a jornada da pregação como um todo está diretamente relacionada com o agir do Espírito Santo na vida do pregador e por meio dele. O emprego de técnicas hermenêuticas e da homilética no preparo do sermão jamais se sobreporá ao trabalho do Espírito Santo, à oração e à dedicação do pregador.

Em cada etapa da jornada da pregação, precisamos fazer algumas paradas estratégicas para a execução de tarefas específicas que permitam o progresso da jornada. Esse percurso e suas respectivas paradas constam no mapa da jornada, que apresento a seguir.

O MAPA DA JORNADA: O ROTEIRO DO TEXTO AO PÚLPITO

PRIMEIRA ETAPA: A JORNADA PELO ESTUDO DO TEXTO BÍBLICO

Primeira parada: escolha e delimite o texto

Tenha em mente as necessidades e as grandes perguntas de seus ouvintes ao escolher o texto. Certifique-se de que o texto seja uma unidade literária completa.

Segunda parada: estude o texto e seus contextos

Leia e compreenda o texto em seus contextos histórico, cultural e literário. Identifique as principais seções e divisões da passagem.

Terceira parada: esboce a estrutura do texto

Identifique a estrutura do texto e suas principais divisões apontando-as com enunciados. Procure perceber as principais ideias no texto, as relações entre os sujeitos, verbos e complementos das orações e, no caso das narrativas, o desenvolvimento do enredo da história.

Quarta parada: identifique o problema, a graça e a missão no texto

Identifique as verdades bíblicas contidas na passagem escolhida. Qual a necessidade (problema) da passagem? Qual a ideia central (graça)? Qual o seu propósito (missão)? Aponte essas verdades por meio de enunciados indicativos bem elaborados. Estude essas verdades bíblicas à luz da teologia bíblica e do evangelho de Cristo.

Quinta parada: identifique o problema, a graça e a missão no sermão

Identifique como as verdades bíblicas (problema/ graça/ missão) se aplicam ao contexto dos ouvintes de hoje. Aponte essas verdades bíblicas para os seus ouvintes por meio de enunciados indicativos bem claros. Reflita sobre todas as dimensões nas quais elas podem ser aplicadas e aprofundadas na vida dos ouvintes e no contexto da comunidade.

SEGUNDA ETAPA: A JORNADA PELA COMPOSIÇÃO DO SERMÃO

Sexta parada: elabore o esboço homilético do sermão

Escolha uma estrutura simples e leve para a organização do conteúdo até aqui desenvolvido. Essa estrutura deve facilitar a exposição e a aplicação das verdades bíblicas identificadas nos passos anteriores. Use enunciados para identificar as principais partes, movimentos ou divisões do sermão.

Sétima parada: selecione as ilustrações do sermão

Selecione ilustrações e exemplos que possam ajudar a tornar as aplicações das verdades bíblicas mais claras, concretas e relevantes. Os exemplos e ilustrações devem estar a serviço da aplicação das verdades bíblicas que o pregador pretende demonstrar no contexto dos ouvintes.

Oitava parada: escreva o manuscrito completo do sermão

Escreva todo o sermão, do início ao fim, em estilo oral. Escreva para as pessoas enxergarem o que será dito. Use frases curtas e palavras concretas, sempre na voz ativa. Conjugue os verbos no presente sempre que possível.

TERCEIRA ETAPA: A JORNADA ATÉ A ENTREGA DO SERMÃO

Nona parada: prepare a apresentação do sermão

Prepare uma apresentação visual para servir de apoio durante a entrega do sermão. Se for usar projeções visuais, evite sobrecarregar os *slides* com informações. Use-os apenas para contribuir com a construção de imagens na mente dos ouvintes e para ajudá-los na compreensão da mensagem.

Décima parada: prepare-se para pregar com convicção

Leia, releia e estude seu manuscrito até ficar completamente familiarizado com a mensagem ou até ao ponto em que as palavras saltem de sua boca assim que você colocar os olhos no início de cada parágrafo. Deixe a mensagem falar primeiramente a você. Comunique o sermão com convicção e entusiasmo, de tal forma que no momento da entrega você e sua mensagem se tornem a mesma coisa.

Como afirmei anteriormente, o sucesso da pregação não depende apenas do nosso esforço, mas da ação do Espírito Santo de Deus em toda a jornada. Entretanto, sou inclinado a acreditar que, quanto mais o pregador se esforçar para realizar com excelência as tarefas sugeridas no mapa da jornada, mais o Espírito de Deus o usará para abençoar a igreja e a sociedade. Assim, Deus continuará cumprindo sua missão no mundo por intermédio do pregador e de suas pregações.

O CONTEÚDO DA PREGAÇÃO

À medida que aplicarmos o roteiro do "Mapa da jornada", passaremos a colher e acumular um vasto conteúdo de informações relevantes que nos ajudarão a entender o texto e, posteriormente, a compor o sermão. Claro que nem tudo o que coletarmos nesse caminho será utilizado diretamente na pregação. Como alguns pregadores costumam dizer: "Nem tudo que um cozinheiro usa na cozinha vai para o prato servido na mesa".

O conteúdo a ser selecionado para compor o sermão deve servir a dois propósitos específicos da pregação: a *exposição bíblica* e a *aplicação contextualizada*. Isso significa dizer que, durante a pregação, o pregador estará sempre se movendo por uma destas duas direções: ou explicará e exporá o texto bíblico, para ajudar os ouvintes a entender o contexto e suas interpretações; ou aplicará as verdades bíblicas na vida dos ouvintes.

O conteúdo destinado à exposição bíblica e à aplicação do sermão é desenvolvido nas etapas iniciais do nosso roteiro, voltadas para o estudo mais aprofundado do texto bíblico e para a estruturação homilética do sermão. Na homilética clássica, esse conteúdo parte da identificação de três questões homiléticas básicas: a *necessidade*, relacionada com algum problema que originou o texto específico; a *proposição* ou *tema* da passagem, que é a ideia central da perícope; o *objetivo* do texto, que é a razão pela qual o texto foi escrito.

Na metodologia que apresento neste livro, em vez de chamar essas questões homiléticas básicas de necessidade, proposição e objetivo, vou chamá-las de *problema, graça* e *missão*. É uma opção teológica que parte do pressuposto de que o problema nos dá o motivo para o sermão; a graça aponta para a presença e a ação de Deus no texto, além de nos colocar na perspectiva da cruz; a *missão* é a resposta esperada daqueles que são alcançados pela Palavra de Deus.

ENTENDENDO MELHOR O PROBLEMA

Bryan Chapell explica que todas as passagens bíblicas, direta ou indiretamente, lançam luz sobre aspectos da condição humana caída, ou seja, todo texto bíblico aponta, direta ou indiretamente, para um problema ou conflito envolvendo o ser humano.[1] Paul Scott Wilson esclarece que o problema a ser identificado no texto bíblico ou em seu contexto diz respeito

---

[1]Bryan Chapell, *Christ-centered preaching: redeeming the expository preaching sermon* (Grand Rapids: Baker, 1994), p. 42 [edição em português: *O sermão cristocêntrico: modelos para a pregação redentiva* (São Paulo: Cultura Cristã, 2019)].

à falha humana em viver de acordo com a vontade de Deus, às consequências dessa atitude e aos danos causados pelo pecado, tanto para o relacionamento do ser humano com Deus quanto para com toda a criação.[2]

Ao identificarmos o problema no texto bíblico, precisamos buscar a relevância do texto e, consequentemente, do sermão. Às vezes, o problema aparece de forma bem clara no texto bíblico escolhido, como no caso do adultério de Davi com Bate-Seba em 2Samuel 11, da idolatria de Israel ao fazer o bezerro de ouro em Êxodo 32 ou da mentira de Ananias e de Safira em Atos 5. Outras vezes, porém, o problema não está evidente no texto. Nesses casos, precisamos nos aprofundar no estudo do contexto, pois o problema pode residir em algum fator que motivou o autor bíblico a escrever aquele texto. Por exemplo, o gnosticismo impregnado na igreja de Colossos, que motivou Paulo escrever a carta aos Colossenses. Esteja o problema explícito no texto ou implícito no contexto, o papel do pregador é identificá-lo e torná-lo claro a seus ouvintes.

ENTENDENDO MELHOR A GRAÇA

Assim como todo texto lança luz sobre o problema, ele também lança luz sobre a ação graciosa de Deus em direção aos seus filhos. A graça, portanto, é a boa-nova em resposta ao problema apresentado e identificado no texto. A graça é a ação salvadora de Deus que motiva e capacita seu povo para enfrentar o pro-

---

[2]Paul S. Wilson, *The four pages of the sermon: a guide to biblical preaching* (Nashville: Abingdon Press, 1999), p. 74 [edição em português: *As quatro páginas do sermão: um guia para a pregação bíblica* (São Paulo: Vida Nova, 2020)].

blema. A graça pode ser até mesmo o julgamento do pecado e a disciplina de Deus que visa à restauração.[3]

Uma boa dica para interpretar a graça e entender a ação de Deus no texto bíblico é fazer uma pergunta simples: "O que Deus está fazendo no texto ou por trás do texto?". Se concordamos que Deus é o protagonista de sua Palavra, precisamos entender como esse protagonismo está presente no texto que estamos estudando. A graça aponta para o protagonismo de Deus no texto bíblico, torna o sermão teocêntrico e coloca a mensagem na perspectiva do evangelho.

ENTENDENDO MELHOR A MISSÃO

A missão diz respeito ao propósito da passagem na vida dos primeiros ouvintes ou destinatários. É a resposta esperada deles diante do problema e da graça. Ela está relacionada com as atitudes que o povo de Deus deve tomar diante da graça de Deus sobre sua vida e com demandas que o próprio texto apresenta.

Às vezes, essas atitudes são apontadas claramente no texto bíblico, como algumas exortações que encontramos nas cartas de Paulo. Às vezes, porém, a missão é mais bem entendida pela investigação do contexto. A missão está sempre relacionada com o problema e com a graça identificados no texto, pois é a resposta que damos ao agir de Deus.

A APLICAÇÃO NO SERMÃO

Um sermão sem uma boa aplicação não passa de mera coleção de informações. As verdades bíblicas e teológicas relacionadas

---

[3]Paul Scott Wilson, *The four pages of the sermon*, p. 157.

com o problema, a graça e a missão até podem ser relevantes, mas se o pregador não as tornar aplicáveis na vida dos ouvintes, o sermão não alcançará seu objetivo. Por isso, o papel do pregador é ouvir a voz de Deus, compreender as verdades bíblicas e teológicas do texto bíblico e torná-las relevantes e pertinentes aos ouvintes. Como afirma Jay E. Adams:

> A aplicação é o processo no qual os pregadores tornam as verdades espirituais tão pertinentes aos membros da congregação que eles não só entendem como essas verdades efetivamente promovem mudanças na vida deles, como também se sentem obrigados e até mesmo desejosos de implementar tais mudanças na própria vida.[4]

Assim, uma boa pregação é aquela em que o pregador, após esclarecer as verdades bíblicas de um texto, consegue falar à mente e ao coração dos seus ouvintes de tal forma que eles se veem diante do próprio Deus, que os exorta, conforta, encoraja e desafia a uma resposta diante do que estão ouvindo.

Mas, como é que algo dito por Deus ou escrito por seus servos há mais de 2 mil anos pode ter algum significado para nós hoje? Como transpor o abismo temporal, histórico, cultural e linguístico que nos separa do mundo do texto antigo e aplicar corretamente a Palavra de Deus?

Para fazer isso, devemos utilizar as ferramentas exegéticas e hermenêuticas que temos em nossa "bagagem de viagem". Quanto maior o conhecimento do contexto histórico, cultural e

---

[4]Jay E. Adams, *Truth applied: application in preaching* (1990), p. 17.

linguístico, melhor. Além disso, podemos usar teologicamente as verdades bíblicas identificadas como problema e graça como chaves hermenêuticas para transpor o abismo entre o mundo do texto antigo e o mundo para o qual pregamos. Como isso funciona?

Todas as vezes que olharmos para o texto procurando entender o problema, iremos deparar com a natureza humana caída revelada na Bíblia. E, todas as vezes que procurarmos entender a graça no texto bíblico, iremos deparar com a natureza de Deus revelada nas Escrituras. Apesar de vivermos em um mundo completamente diferente daquele do texto bíblico, tanto a natureza humana quanto a natureza de Deus permanecem as mesmas. Deus continua sendo bom, gracioso, redentor, justo, soberano, onipotente, onipresente e onisciente, como aprendemos na teologia. E o ser humano continua sendo pecador.

Dessa forma, quando identificamos os aspectos da natureza humana e da natureza de Deus revelados no texto bíblico e relacionados com o problema e a graça no texto, podemos cruzar o abismo entre os dois mundos, à medida que identificarmos os mesmos sinais de problema e graça no mundo ao nosso redor.

APLICANDO O PROBLEMA

O problema, uma vez identificado, pode ser aplicado em várias direções, dependendo do objetivo do sermão e do público-alvo. Para desenvolvermos uma boa aplicação do problema no sermão podemos pensar em pelo menos três direções específicas. (1) Para o alto: podemos explorar as implicações do problema identificado no texto para nossa relação com Deus e como esse problema interfere em nosso relacionamento pessoal com ele. (2) Para o lado: podemos explorar também os efeitos do problema em nossos relacionamentos interpessoais e como isso se reflete sobre as pessoas à nossa volta. (3) Para dentro: podemos desenvolver uma aplicação dos efeitos do problema em nossa vida pessoal e explorar as atitudes corretas que deveríamos tomar com relação ao problema. Ao fazer isso, aplicaremos também a missão identificada na interpretação do texto.

Vejamos um exemplo dessas possíveis direções para a aplicação do problema. Em Mateus 6:24 lemos: "Ninguém pode servir a dois senhores; pois odiará um e amará o outro, ou se dedicará a um e desprezará o outro. Vocês não podem servir a Deus e ao Dinheiro".

Uma vez identificado o problema como "o amor às riquezas", poderíamos demonstrar por meio de exemplos ou de uma ilustração como o amor às riquezas é uma idolatria que inviabiliza nossa comunhão com o Pai celeste, pois é impossível servir a Deus e às riquezas materiais (aplicação para o alto). Podemos também desenvolver uma aplicação em que demonstramos como o amor às riquezas tornam as pessoas mesquinhas e insensíveis à necessidade do próximo (aplicação para o lado). Podemos ainda explorar as mudanças que Deus espera realizar na vida daqueles que vivem apegados às riquezas, bem como as demandas e atitudes corretas que se esperam deles (aplicação para dentro).

A melhor maneira de aplicar um ensinamento bíblico é mostrar aquilo que queremos ensinar, em vez de apenas dizer. Para isso, o uso correto e adequado de exemplos e ilustrações pode nos ajudar a cumprir essa tarefa. Mais adiante, no desenvolvimento do nosso roteiro, vou dedicar um tempo específico para falar mais sobre isso.

APLICANDO A GRAÇA

Uma vez que a graça no sermão é a ação de Deus sobre o problema, ela surge como a boa-nova de que Deus está agindo em nossa vida com relação ao problema no qual estamos envolvidos. Podemos seguir a mesma dinâmica da aplicação do problema nas três dimensões e identificar como Deus age sobre cada uma das situações. Assim, quanto ao problema humano do "amor ao dinheiro", podemos demonstrar por meio de ilustrações e exemplos que Deus ama o pecador, mas odeia o pecado. Tanto que ele se dispôs a pagar o preço de nosso pecado para restaurar a nossa relação com ele (dimensão vertical da graça). Quando experimentamos o maravilhoso amor de Deus em nossa vida, somos movidos por Deus a amar quem está próximo de nós (dimensão horizontal da graça). Por isso, podemos olhar dentro de nós e perguntar o que tem ocupado nosso coração: o amor ao dinheiro ou o amor a Deus? Se chegarmos à conclusão de que amamos mais ao dinheiro, é um bom momento para pedir perdão a Deus e nos reconciliarmos com ele, pois é isso que ele quer (dimensão pessoal da graça e da missão).

Quando estivermos aplicando a graça, logo perceberemos que geralmente a missão, ou seja, as atitudes e posturas corretas à luz do ensino bíblico, surgem não mais em forma de demandas e deveres, mas como um convite gracioso do próprio Deus para abraçarmos sua graça. A missão que devemos explorar e indicar nos sermões está relacionada com a resposta que queremos motivar os ouvintes a dar ao amor de Deus.

Por fim, é importante destacar que a aplicação da graça de Deus revelada no texto bíblico, na sequência da aplicação do problema, naturalmente conduz o sermão a um movimento narrativo que parte do problema para a graça; do pecado para o perdão; da queda para a redenção. E, como tudo o que Deus fez e continua fazendo, ele fez e faz por meio de Jesus Cristo a partir da explicação e da aplicação da graça, naturalmente conduziremos o sermão para o evangelho e para Cristo e tornaremos a mensagem cristocêntrica e missional.

3

PERCORRENDO A JORNADA DA PREGAÇÃO

Agora que já estamos equipados, já temos um mapa com um roteiro bem definido para a jornada da pregação e que já sabemos que tipo de conteúdo precisamos produzir e selecionar, é hora de colocar o pé na estrada. A partir de agora, quero desenvolver e aprofundar cada uma das tarefas propostas ao longo da jornada, a começar com o percurso pelo texto bíblico.

PRIMEIRA ETAPA: A JORNADA PELO ESTUDO DO TEXTO BÍBLICO

Como já explicado, nessa primeira etapa da jornada vamos percorrer o trecho que passa pelo texto bíblico. Nas primeiras cinco paradas, iremos definir o texto da mensagem, estudar seu contexto, identificar o problema, a graça e a missão no texto bíblico e definir como elas se aplicam à vida de nossos ouvintes. Veja o que fazer em cada parada:

PRIMEIRA PARADA: ESCOLHA E DELIMITE O TEXTO

Parece um passo simples, mas na verdade tem suas complexidades. Por exemplo, uma delimitação incorreta da passagem certamente refletirá na interpretação do texto. Além disso, uma escolha de texto sem considerar a necessidade dos ouvintes pode tornar o sermão pouco interessante. Assim, nessa primeira parada do nosso roteiro, vale lembrar a famosa frase atribuída a Karl Barth: "Todo pregador deve ter a Bíblia numa mão e o jornal na outra".[1]

Isso significa dizer que um dos primeiros movimentos do pregador deve ser a identificação das necessidades da congregação, as perguntas que as pessoas estão fazendo e o que tem influenciado a vida comunitária. Além disso, é salutar que o pregador, se possível, elabore uma agenda de pregação antecipada para as semanas subsequentes ou até mesmo para o ano todo. Isso facilitará seu trabalho na seleção de temáticas, textos bíblicos, exemplos e ilustrações que possam ser utilizados no tempo certo.

A partir da percepção das necessidades da congregação, o pregador deve se mover na direção da Palavra de Deus em busca de respostas e de uma palavra que possa trazer conforto, exortação, motivação, correção e restauração. É possível fazer o movimento contrário, ou seja, selecionar o texto primeiro, desde que o pregador não perca de vista a importância de perceber as possíveis perguntas que o texto está respondendo e a quais necessidades da congregação o texto pode ser direcionado.

---

[1]Disponível em: http://teologia-contemporanea.blogspot.com.br/2008/02/karl-barth-1886-1969.html.

É fundamental que o texto bíblico seja selecionado e delimitado corretamente, ou seja, que a passagem da pregação seja uma unidade literária. Para ser uma unidade literária, a passagem deve conter pelo menos uma ideia completa, para que a interpretação e a aplicação da mensagem não fiquem comprometidas. Para a tarefa de delimitação do texto, devemos fazer uso dos recursos que temos em nossa "bagagem de mão", como as Bíblias de estudo e as introduções.

Bíblias de estudo e introduções ao Novo Testamento por vezes trazem no início de cada livro um esboço da estrutura literária do livro, o que pode ajudar o pregador a perceber as principais seções do texto bíblico e a escolher a passagem para a pregação. Além disso, algumas traduções da Bíblia, como a NVI, procuram organizar o texto em parágrafos, com uma diagramação que respeita as unidades literárias do trecho. Essas unidades literárias são também chamadas *perícopes*.

Um fator importante a ser considerado na delimitação do texto é o gênero literário da passagem. Os livros que compõem a Bíblia apresentam vários gêneros literários, de poesias a narrativas, de textos jurídicos a profecias e cartas. Dependendo do gênero, a delimitação do texto para a pregação pode variar. Por exemplo:

Os *salmos* são poesias musicadas, e como todas as músicas e poesias devem ser consideradas no todo. Os salmos estão organizados em estrofes, e cada estrofe pode ser considerada uma seção dentro do salmo. Não podemos estudar apenas metade de um salmo e entendê-lo corretamente, assim como não dá para entender uma música ou uma poesia pela metade. No caso dos salmos mais extensos, é possível preparar uma série de mensagens baseada nas principais seções ou estrofes, porém o trabalho de interpretação deve considerar o salmo como um todo.

As *cartas* talvez sejam o gênero literário mais complicado para a delimitação de perícopes, pois apresentam uma sucessão de discursos, exortações e trechos que incluem orações, informações pessoais e até poesia. Por isso, também precisam ser lidas e compreendidas em sua totalidade antes da seleção de trechos menores para o sermão. Só depois de uma investigação mais ampla, poderemos identificar as divisões, subdivisões e trechos menores que podem ser delimitados para um estudo mais particular e, consequentemente, para o preparo de sermões específicos.

Convém destacar aqui que a inclusão do sistema de capítulos e versículos na Bíblia só ocorreu no século 13, com o propósito principal de ajudar na localização das passagens bíblicas. Até então, os textos eram lidos sem tais divisões. Essas divisões nem sempre respeitam as unidades literárias, como é o caso de 1Coríntios 13, a tão conhecida passagem que fala do amor. A unidade literária dessa passagem deveria incluir também o trecho de 12:31b: "Passo agora a mostrar a vocês um caminho ainda mais excelente". Portanto, uma delimitação correta para esse texto seria 1Coríntios 12:31b— 13:13.

Algumas Bíblias já incluem 1Coríntios 12:31b no parágrafo posterior. Mas em outras versões, o capítulo 13 desconsidera esse trecho relevante, que é a introdução a essa unidade literária. Por isso, tenha sempre em sua "bagagem de mão" Bíblias de estudo e introduções, pois são recursos importantes para ajudar o pregador a delimitar as perícopes, principalmente das cartas.

As *narrativas bíblicas* também apresentam suas particularidades e devem ser consideradas na totalidade do enredo. Ao delimitar um texto narrativo, devemos considerar todo o enredo da narrativa e o enredo das micronarrativas que compõem a história maior. Por exemplo, a narrativa histórica da vida de José, no livro de Gênesis, é muito ampla. É claro que podemos delimitar perícopes menores para pregar sobre episódios específicos dessa história. Contudo, mesmo esses episódios separados precisam de um enredo completo, que apresente começo, desenvolvimento e conclusão, como é o caso da história de José na casa de Potifar (Gênesis 39:1-23). Essa passagem contém um enredo completo, mesmo fazendo parte de um enredo maior, que também deve ser considerado.

Algumas narrativas, por outro lado, parecem deixar o final em aberto, mas na verdade a conclusão pode aparecer mais adiante, no contexto maior da história. Por exemplo, se estivermos preparando um sermão sobre a morte de Jesus na cruz e desconsiderarmos as narrativas posteriores da ressurreição, o enredo ficará incompleto. Nesse caso, para que o texto seja delimitado corretamente, o pregador terá de considerar a inclusão da ressurreição também.

Sidney Greidanus, em seu livro *O pregador contemporâneo e o texto antigo*,[2] oferece-nos este gráfico de enredo de narrativas,

---

[2]Sidney Greidanus, *O pregador contemporâneo e o texto antigo: interpretando e pregando literatura bíblica* (São Paulo: Cultura Cristã, 2006), p. 246.

que pode nos ajudar a delimitar corretamente esse tipo de gênero literário:

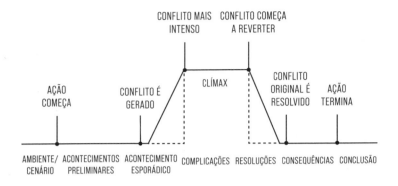

A narrativa bíblica é uma história como outras que conhecemos. Ela apresenta um enredo, segue uma ordem natural de acontecimentos e contém dramaticidade. Geralmente, deparamos no início da história com o ambiente ou o cenário no qual a ação começa ou um fato é causado. A história tem movimento e é marcada por um conflito que cresce em intensidade até atingir um clímax. A partir de então, esse conflito começa a se reverter até que a história chega a uma conclusão.

Voltaremos a esse gráfico mais adiante, nas outras tarefas estratégicas de nosso roteiro, mas podemos adiantar que praticamente todas as narrativas bíblicas se encaixam nesse tipo de enredo. Assim, quando formos selecionar e delimitar uma narrativa para a nossa pregação, devemos ter certeza de que a história está completa, ou seja, que os principais acontecimentos demonstrados no gráfico estejam presentes no texto delimitado para nosso sermão.

SEGUNDA PARADA: ESTUDE O TEXTO E SEUS CONTEXTOS

Nessa parada estratégica do roteiro da jornada da pregação, estudamos o texto bíblico à luz de seus contextos histórico, cultural, literário e gramatical. Para essa tarefa, devemos ter em mãos os recursos já citados de nossa "bagagem de mão" e tudo o que possa nos ajudar a entender e interpretar o texto. Devemos ter em mente ainda que durante essa parada temos como objetivo identificar o problema, a graça e a missão no texto bíblico e em seus contextos. A identificação dessas verdades bíblicas e teológicas serão importantes para a continuação de nossa jornada.

O contexto histórico e cultural

Todo texto bíblico foi escrito dentro de um contexto histórico e cultural específico. Por exemplo, os cinco primeiros livros da Bíblia foram escritos no contexto do êxodo dos hebreus, conforme Êxodo 24:4. Os livros de Reis e Crônicas foram escritos durante o período da monarquia em Israel. Os livros proféticos, durante a decadência da monarquia, a divisão dos reinos e os períodos anteriores e posteriores aos exílios. Os evangelhos foram escritos nas primeiras décadas do primeiro século, após a vinda de Jesus. E algumas cartas e epístolas foram escritas para igrejas da Ásia Menor, enquanto Paulo estava na prisão.

Entender o contexto do autor, dos destinatários e dos personagens envolvidos nos textos bíblicos ajuda-nos a compreender melhor a razão de algumas exortações, o objetivo do autor ao escrever seu texto e o problema, a graça e a missão presentes no texto e no contexto. O problema pode estar explícito no texto ou poder ser a razão que deu origem à passagem bíblica. Assim como a graça e a missão.

Em algumas passagens, lidamos com mais de um contexto histórico e cultural. Por exemplo, quando estudamos a parábola do filho pródigo, em Lucas 15, deparamos com pelo menos três contextos históricos e culturais: (1) o contexto do autor e de seus destinatários; (2) o contexto da narrativa, na qual Jesus e seus discípulos estão cercados por publicanos e pecadores, além de fariseus e escribas; (3) o contexto da própria narrativa do filho pródigo.

Ao estudar o contexto histórico e cultural, devemos fazer todas as perguntas possíveis ao texto e ao seu contexto, como: "Quem escreveu? Quando escreveu? Para quem escreveu? Onde escreveu? Por que escreveu? O que escreveu? Quem são os personagens e as pessoas que aparecem no texto e estão no contexto histórico? Que práticas ou atitudes estranhas precisam ser compreendidas melhor à luz da cultura da época?".

Tudo aquilo que soar estranho para nós, à luz da cultura contemporânea, também deve ser investigado. Por exemplo, as palavras de Jesus a uma pessoa que, ao ser convidada para segui-lo, responde: "Senhor, deixa-me ir primeiro sepultar meu pai" (Lucas 9:59), podem parecer rudes e difíceis de entender e aceitar, pois ele diz: "Deixe que os mortos sepultem os seus próprios mortos; você, porém, vá e proclame o Reino de Deus" (Lucas 9:60).

No entanto, se pesquisarmos o contexto cultural da época, iremos descobrir que naquela cultura patriarcal era comum que cada filho tivesse responsabilidades específicas dentro da dinâmica doméstica das famílias. Os filhos mais novos geralmente eram responsáveis por ficar ao lado dos pais na velhice destes, enquanto os filhos mais velhos tinham a responsabilidade de trabalhar e ajudar na administração da casa ao lado do pai.

Assim, ao dizer que precisava primeiro sepultar o pai, o indivíduo poderia estar simplesmente dizendo que seguiria Jesus depois que estivesse desobrigado de suas responsabilidades familiares, não necessariamente após o pai estar morto, velado, apenas aguardando o sepultamento. Além disso, se aquele homem acolhesse o chamado de Jesus e abandonasse o pai, que provavelmente estava próximo da morte, provocaria um escândalo na comunidade. Contudo, diante do contexto da ida de Jesus para Jerusalém, isso era menos importante que o chamado para proclamar o Reino de Deus e seguir a Jesus.[3]

O contexto literário e gramatical

Para essa tarefa, devemos ter em mente algumas perguntas, como: "Qual o gênero literário da passagem? Quais as palavras-chave ou frases que podem dar pistas sobre a ideia central da passagem? Qual o enredo ou o movimento das ideias? O que acontece nos contextos anterior e posterior? Que paralelos encontramos entre esse texto e outros textos? Como essa passagem se encaixa no livro e qual o seu papel?".

---

[3]J. A. Martin, "Luke", in: J. F. Walvoord; R. B. Zuck, orgs., *The Bible knowledge commentary: an exposition of the Scriptures* (Wheaton: Victor, 1985), v. 2, p. 232.

A identificação do gênero literário

Essa identificação é importante para entendermos melhor o emprego das palavras e ideias e também as denotações e conotações dadas pelo autor. Por exemplo, na poesia, como é o caso dos salmos, encontramos muitas figuras de linguagem e palavras com sentido figurado. No salmo 23, por exemplo, Davi usa a imagem do *pastor* para se referir a Deus — "O SENHOR é o meu pastor; de nada terei falta" (Salmos 23:1).

O salmista utiliza a figura de um pastor para recordar as bênçãos que recebia do Senhor. Essa metáfora também é usada em Salmos 29:9 e 80:1. É uma metáfora natural para Davi, que era o rei-pastor, mas também muito comum no antigo Oriente Médio. Muitos reis eram comparados a pastores com relação à capacidade de liderança. Essa metáfora foi ainda usada pelo próprio Jesus, o Messias, quando ele mesmo se identificou como "o bom pastor" (João 10:14) e foi identificado como "o grande Pastor das ovelhas" (Hebreus 13:20) e "o Supremo Pastor" (1Pedro 5:4).[4]

Já em textos narrativos, encontramos o emprego de linguagem mais literal, pelo menos no desenvolvimento dos enredos. Assim, quando em Êxodo 14 lemos que o mar se abriu para o povo passar a pé enxuto, significa que o mar realmente se abriu. Não se trata de uma figura de linguagem.

---

[4]A. P. Ross, "Psalms", in: J. F. Walvoord; R. B. Zuck, orgs., *The Bible knowledge commentary: an exposition of the Scriptures* (Wheaton: Victor, 1985), v. 1, p. 811.

A edição do livro

Outro aspecto a observar no estudo do texto, e que também faz parte desse estudo literário, é como o autor bíblico organiza seu livro e seus textos. Por trás de um texto bíblico, existe um trabalho de edição. E como o autor edita seu conteúdo diz muito a respeito de sua intenção, suas ênfases e seus objetivos. Assim, devemos sempre perguntar como a perícope que estamos estudando se encaixa no desenvolvimento do raciocínio do autor, no contexto maior do livro.

Por exemplo, quando observamos a Parábola do Filho Pródigo, percebemos que ela é a terceira parábola em um conjunto de parábolas proferidas por Jesus em um mesmo contexto: Jesus falando aos publicanos e pecadores enquanto é observado por escribas e fariseus. As três parábolas são: a Parábola da Ovelha Perdida, a Parábola da Moeda Perdida e a Parábola do Filho Pródigo (ou perdido). Juntas, elas formam um conjunto interligado pelo conteúdo, e todas apresentam um conteúdo relacionado com o fato de que algo muito importante que fora perdido agora foi encontrado, e isso traz muita alegria a quem encontrou. Uma parábola não pode ser interpretada sem a consideração das demais.

Assim, antes de seguir com o estudo de nossa passagem, uma boa dica é observar o esboço do livro, geralmente apresentado nas introduções e comentários, bem como nas Bíblias de estudo. O esboço nos dá uma visão geral da organização elaborada pelos autores bíblicos. É desse modo que percebemos, por exemplo, que o evangelista Marcos por vezes faz uso do que chamamos de "sanduíche literário". Ou seja, ele costuma enxertar suas narrativas com novas histórias que, de alguma forma, contêm elementos relacionados com as narrativas originais.

Por exemplo, em Marcos 5:21-43 encontramos a narrativa da cura da filha de Jairo. Essa narrativa recebe a inserção de uma narrativa menor (Marcos 5:25-34), a história da mulher com o fluxo de sangue. É interessante perceber como essas histórias se entrelaçam e têm aspectos comuns, que são importantes para a compreensão uma da outra.

O emprego das palavras no contexto do autor

Ainda no estudo do contexto literário, devemos observar as palavras mais importantes empregadas no texto, como os verbos e os substantivos. O objetivo é chegar a uma melhor compreensão das conotações e denotações empregadas pelo autor. Para isso, podemos tentar descobrir como essas palavras-chave foram usadas pelo próprio autor em outros trechos bíblicos ou mesmo em outros livros escrito por ele.

Por exemplo, em Lucas 9:58 Jesus responde a um sujeito que se oferece para segui-lo da seguinte forma: "As raposas têm suas tocas e as aves do céu têm seus ninhos, mas o Filho do homem não tem onde repousar a cabeça". Em uma leitura desapercebida, provavelmente escaparia à nossa percepção que Lucas utiliza a mesma palavra — "raposa" — na boca de Jesus em outra parte de seu Evangelho, quando o Senhor se refere a Herodes (Lucas 13:32). Trata-se de um fato importante para a compreensão do que Jesus diz ao homem que queria segui-lo como discípulo, pois indica que ao dizer: "As raposas têm suas tocas", Jesus poderia estar fazendo uma alusão ao rei Herodes. Isso indica que, se a motivação em segui-lo era o conforto dos palácios, o sujeito estava enganado, pois o Filho do homem (que é como Lucas se refere a Jesus) não tinha onde reclinar a cabeça.

TERCEIRA PARADA: ESBOCE A ESTRUTURA DO TEXTO

A estrutura literária das passagens bíblicas difere de acordo com o gênero literário de cada uma. Sempre que possível, devemos fazer um esboço da estrutura do texto que estamos estudando. Essa tarefa nos ajudará a perceber como as ideias se relacionam entre si e, no caso das narrativas, como o enredo se desenvolve. Se precisar, recorra a comentários, introduções e Bíblias de estudos para esboçar o texto selecionado para o sermão. Vejamos alguns exemplos de como esboçar a estrutura dos textos:

Salmos

Os salmos são originariamente poesias musicadas e seguem as estruturas comuns da poesia hebraica, com estrofes, paralelismos de ideias e, em alguns casos, refrão, que enfatizam a ideia central do salmo. Algumas versões da Bíblia já apresentam as estrofes ou seções separadas. Nas Bíblias mais antigas, as estrofes são indicadas pelas palavras "selá" (pausa). O salmo 46 está estruturado da seguinte maneira:

ESTROFE 1 (v. 1-3)

¹Deus é o nosso refúgio e a nossa fortaleza, auxílio sempre presente na adversidade. (REFRÃO — IDEIA PRINCIPAL)

²Por isso não temeremos, ainda que a terra trema e os montes afundem no coração do mar,

³ainda que estrondem as suas águas turbulentas e os montes sejam sacudidos pela sua fúria.

> **ESTROFE 2 (v. 4-7)**
>
> ⁴Há um rio cujos canais alegram a cidade de Deus, o Santo Lugar onde habita o Altíssimo.
>
> ⁵Deus nela está! Não será abalada! Deus vem em seu auxílio desde o romper da manhã. ⁶Nações se agitam, reinos se abalam; ele ergue a voz, e a terra se derrete.
>
> ⁷O Senhor dos Exércitos está conosco; o Deus de Jacó é a nossa torre segura. (REFRÃO — IDEIA PRINCIPAL)
>
> **ESTROFE 3 (v. 8-11)**
>
> ⁸Venham! Vejam as obras do Senhor, seus feitos estarrecedores na terra.
>
> ⁹Ele dá fim às guerras até os confins da terra; quebra o arco e despedaça a lança, destrói os escudos com fogo.
>
> ¹⁰"Parem de lutar! Saibam que eu sou Deus! Serei exaltado entre as nações, serei exaltado na terra."
>
> ¹¹O Senhor dos Exércitos está conosco; o Deus de Jacó é a nossa torre segura. (REFRÃO — IDEIA PRINCIPAL)

Ao esboçarmos a estrutura do salmo 46, percebemos claramente as três estrofes, marcadas por um refrão que aponta para a ideia principal do texto: *Deus é o nosso auxílio presente na adversidade*. Perceba que Deus é o sujeito principal da maioria das ideias apresentadas no salmo. Os verbos e complementos ligados ao sujeito descrevem quem ele é e o ele que faz.

Mas nesse salmo encontramos também outras orações, cujos sujeitos ocultos são: "nós" e "vocês". E os verbos ligados a esses sujeitos apontam para suas atitudes diante da declaração da ideia principal, ou seja, de que Deus é o auxílio presente na adversidade.

Diante dessas observações, podemos nos aprofundar na compreensão do texto ao tentar identificar como as ideias apresentadas no texto se relacionam com o problema, a graça e a missão, as verdades teológicas que são objetos de nossa pesquisa. Assim, podemos concluir que o problema tratado no texto está relacionado com o medo diante da possibilidade de destruição, graças a alguma ameaça militar contra o povo de Deus.

Nesse contexto de iminente destruição, a graça se manifesta na presença permanente de Deus ao lado de seu povo. Deus é como uma torre de segurança para eles. Essa presença e esse auxílio são retratados no refrão do salmo e na descrição do que Deus está fazendo em meio às nações e reinos da terra.

A missão, por sua vez, pode ser concluída a partir da análise dos verbos relacionados aos sujeitos ocultos "nós" e "vocês". Ou seja, diante do perigo iminente e da certeza do cuidado de Deus, o povo não precisa temer. Antes, deve se aproximar de Deus e contemplar o que ele já fez e continua fazendo na vida deles. O povo deve parar de lutar com as próprias forças e exaltar a Deus entre as nações da terra.

Cartas ou epístolas

Esboçar a estrutura de textos não narrativos como as cartas ou epístolas é um pouco mais complicado, pois o autor por vezes apresenta uma série de pensamentos, exortações, saudações e argumentação em uma sequência que torna mais difícil delimitar as perícopes, pois um assunto puxa o outro. Assim, convém ter à mão algumas ferramentas exegéticas para nos ajudar na delimitação da perícope e a seguir com o estudo do trecho específico.

A JORNADA DA PREGAÇÃO

Uma vez delimitada a perícope, a primeira coisa a fazer para esboçar o nosso texto é tentar identificar seus principais blocos e ideias e destacar as palavras-chave do texto. Em Efésios 1:3-14, por exemplo, podemos identificar seis blocos principais e as seguintes palavras-chave:

> [3]Bendito seja <u>o Deus e Pai de nosso Senhor Jesus Cristo</u>, que <u>nos abençoou</u> com todas as <u>bênçãos espirituais</u> nas regiões celestiais em Cristo.
>
> [4]Porque Deus <u>nos escolheu</u> nele antes da criação do mundo, para sermos santos e irrepreensíveis em sua presença. [5,6]Em amor <u>nos predestinou</u> para sermos adotados como filhos, por meio de Jesus Cristo, conforme o bom propósito da sua vontade, <u>para o louvor da sua gloriosa graça</u>, a qual nos deu gratuitamente no Amado.
>
> [7,8]<u>Nele</u> temos a <u>redenção</u> por meio de seu sangue, o perdão dos pecados, de acordo com as riquezas da graça de Deus, a qual ele derramou sobre nós com toda a sabedoria e entendimento.
>
> [9,10]E <u>nos revelou</u> o mistério da sua vontade, de acordo com o seu bom propósito que ele estabeleceu em <u>Cristo</u>, isto é, de fazer convergir em <u>Cristo</u> todas as coisas, celestiais ou terrenas, na dispensação da plenitude dos tempos.
>
> [11,12]<u>Nele</u> fomos também escolhidos, tendo sido predestinados conforme o plano daquele que faz todas as coisas segundo o propósito da sua vontade, a fim de que nós, os que primeiro esperamos em Cristo, sejamos <u>para o louvor da sua glória.</u> [13,14]<u>Nele</u>, quando vocês ouviram e creram na palavra da verdade, o evangelho que os salvou, vocês <u>foram selados</u> com o <u>Espírito Santo</u> da promessa, que é a garantia da nossa herança até a redenção daqueles que pertencem a Deus, <u>para o louvor da sua glória.</u>

Esse passo simples já é suficiente para nos ajudar a perceber algumas questões importantes no texto, por exemplo: (1) Deus é o sujeito principal e está presente em todo o texto, tanto na pessoa do Pai quanto do Filho ou do Espírito Santo; (2) o primeiro bloco é uma introdução que apresenta um verdadeiro sumário do que é desenvolvido nos blocos seguintes, ou seja, as bênçãos de Deus por meio de Cristo; (3) a expressão "para o louvor da sua graça/ glória" é repetida três vezes nessa passagem e aponta claramente para o propósito do texto.

Com base nessas observações, podemos identificar facilmente a graça presente no texto: *Deus nos abençoa por meio de Cristo*. E fica bem claro também qual é a missão: *O louvor da glória de Deus*. Entretanto, o problema não aparece de forma explícita na perícope. Iremos encontrá-lo, porém, no contexto próximo posterior. Todas essas bênçãos de Deus por meio de Jesus ocorrem justamente por causa do grande problema da humanidade, como vemos em Efésios 2:1-3:

> Vocês estavam mortos em suas transgressões e pecados, nos quais costumavam viver, quando seguiam a presente ordem deste mundo e o príncipe do poder do ar, o espírito que agora está atuando nos que vivem na desobediência. Anteriormente, todos nós também vivíamos entre eles, satisfazendo as vontades da nossa carne, seguindo os seus desejos e pensamentos. Como os outros, éramos por natureza merecedores da ira.

Assim, podemos concluir que o problema que envolve a passagem é a morte espiritual causada pelo pecado.

Narrativas

No caso das narrativas, que formam a maior parte do conteúdo bíblico, ao esboçar a estrutura devemos atentar para o desenvolvimento do enredo, ou seja, os fatos dão vida à história. Por isso, é um grande erro tentar esboçar a estrutura das narrativas da mesma forma que estruturamos os textos não narrativos. As narrativas não são textos dedutivos, mas indutivos. Elas têm movimento em lugar de argumentos e exortações. Nosso foco deve ser na ação e nos personagens.

Muitos pregadores erram ao tentar esboçar a estrutura das narrativas de forma dedutiva, extraindo pontos da história sem considerar a sua real estrutura. A consequência são sermões geralmente antropocêntricos, que ignoram o que a narrativa tem de mais efetivo: o enredo da história.

Assim, para esboçar o enredo de uma narrativa, devemos identificar os principais acontecimentos nela descritos. No entanto, precisamos ter em mente como eles se organizam. O gráfico a seguir, que já usamos para nos ajudar a delimitar a perícope, pode nos ajudar agora a esboçar a estrutura da narrativa que pretendemos pregar.[5]

Ao observar as narrativas bíblicas na perspectiva dessa estrutura de enredo, iremos identificar mais facilmente o problema e a graça que permeiam a história. É preciso salientar que no enredo da narrativa o clímax refere-se ao ponto mais dramático do problema. E o momento em que o conflito começa a reverter geralmente está relacionado com a intervenção de Deus na história, direta ou indiretamente.

---

[5]Sidney Greidanus, *O pregador contemporâneo e o texto antigo: interpretando e pregando literatura bíblica* (São Paulo: Cultura Cristã, 2006), p. 246.

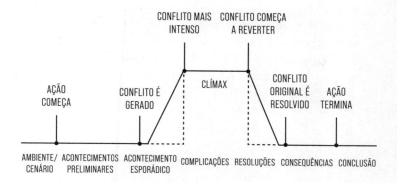

Em muitos textos, a ação de Deus que aponta para a graça, pode já aparecer no início da narrativa. Entretanto, só com a visão total do enredo poderemos definir com mais eficácia a ação específica de Deus sobre o problema que se desenrola na história.

O problema principal quase sempre se desenvolve entre os acontecimentos preliminares e o clímax, conforme a estrutura apresentada no gráfico acima. Já a graça é observada de maneira mais clara a partir do momento em que o conflito começa a reverter até a conclusão da história, mesmo que seus sinais já apareçam no início.

É possível que em uma narrativa identifiquemos mais de um problema e mais de uma ação graciosa de Deus. Entretanto, quando observamos a narrativa com as lentes de seu enredo completo, podemos colocar todos esses elementos na perspectiva da trama maior da história.

Vejamos o exemplo da narrativa de Êxodo 17:1-7:

> ¹Toda a comunidade de Israel partiu do deserto de Sim, andando de um lugar para outro, conforme a ordem do Senhor. Acamparam em Refidim, mas lá não havia água para beber.

109

> ²Por essa razão queixaram-se a Moisés e exigiram: "Dê-nos água para beber". Ele respondeu: "Por que se queixam a mim? Por que põem o Senhor à prova?"
>
> ³Mas o povo estava sedento e reclamou a Moisés: "Por que você nos tirou do Egito? Foi para matar de sede a nós, aos nossos filhos e aos nossos rebanhos?"
>
> ⁴Então Moisés clamou ao Senhor: "Que farei com este povo? Estão a ponto de apedrejar-me!"
>
> ⁵Respondeu-lhe o Senhor: "Passe à frente do povo. Leve com você algumas das autoridades de Israel, tenha na mão a vara com a qual você feriu o Nilo e vá adiante.
>
> ⁶Eu estarei à sua espera no alto da rocha do monte Horebe. Bata na rocha, e dela sairá água para o povo beber". Assim fez Moisés, à vista das autoridades de Israel.
>
> ⁷E chamou aquele lugar Massá e Meribá, porque ali os israelitas reclamaram e puseram o Senhor à prova, dizendo: "O Senhor está entre nós, ou não?"

Se utilizarmos a estrutura do gráfico de enredo de narrativas sugerido por Greidanus e identificarmos os principais eventos na história, poderemos visualizar a narrativa da seguinte maneira:

Com esse quadro à vista, podemos identificar o problema, a graça e a missão com mais facilidade. Por exemplo, percebemos que o acontecimento esporádico que provoca um conflito é a falta de água. Esse conflito gera um problema, que é a murmuração. O problema se desenvolve até se tornar uma verdadeira rebelião. Isso fica claro quando Moisés diz: "Que farei com este povo? Estão a ponto de apedrejar-me!" (v. 4).

O esboço da narrativa, segundo a estrutura sugerida por Greidanus, também nos ajuda a perceber melhor o protagonismo de Deus na história bíblica e a evitar sermões antropocêntricos. Nesse caso, focado tão somente em Moisés. Para evitar isso, ao considerar o enredo como um todo, devemos sempre ter em mente uma pergunta chave: "O que Deus está fazendo no texto ou por trás do texto?". A resposta a essa pergunta nos ajudará a enxergar a graça no texto e a preparar sermões teocêntricos.

Nessa narrativa de Êxodo, percebemos que Deus responde à oração de Moisés, não rejeita seu povo, mata a sede de todos, acaba com a murmuração, fortalece a liderança de Moisés e prova que está presente ao lado de seu povo.

E qual seria a missão? Nitidamente, é a resposta que se espera do povo, ou seja, confiar na fidelidade, na providência, no amor e na presença de Deus ao seu lado.

Na prática, podemos realizar os estudos dos contextos simultaneamente, pois à medida que lemos as introduções, comentários e demais recursos exegéticos de nossa "bagagem de mão", as informações de que precisamos podem aparecer aleatoriamente. Mas o esboço da perícope requer um movimento específico, que será mais efetivo após uma compreensão melhor do contexto histórico, cultural e literário.

As tarefas propostas nessa etapa da jornada da pregação produzirão boa parte do material que comporá o manuscrito do sermão. Esse material será trabalhado e lapidado nos próximos passos da jornada com o propósito da composição do manuscrito do sermão.

QUARTA PARADA: IDENTIFIQUE O PROBLEMA, A GRAÇA E A MISSÃO NO TEXTO

Uma vez que o texto bíblico foi escolhido e delimitado corretamente, foi estudado em seus contextos e teve sua estrutura esboçada, precisamos identificar de forma clara as verdades bíblicas e teológicas do problema, da graça e da missão presentes no texto bíblico e em seu contexto, para então trabalhar homileticamente esse conteúdo com vistas à composição do sermão. Nosso objetivo nessa parada estratégica é elaborar afirmações teológicas que sirvam de base para a elaboração do esboço do sermão e para a seleção de conteúdo.

Identificando o problema no texto bíblico

Como apontado anteriormente, o problema diz respeito à falha humana em viver de acordo com a vontade de Deus, às consequências dessa atitude e aos danos causados pelo pecado, tanto no relacionamento com Deus quanto com a criação.

Se o problema ainda não estiver bem claro para o pregador, é importante que ele faça algumas perguntas-chave e procure as respostas no texto, no contexto e no conteúdo produzido nas tarefas anteriores. Entre outras, ele pode fazer as seguintes perguntas: "O que o texto revela a respeito da natureza caída do ser humano, refletida nos personagens da passagem? Quais as consequências dessa postura e os danos causados pelo pecado? Existe na passagem algum julgamento de Deus? Que exortações ou demandas aparecem no texto?".

As respostas a essas perguntas, que nos ajudam a identificar e declarar o problema, às vezes estão explícitas no texto e às vezes são encontradas no contexto. Por isso, as tarefas anteriores são importantes.

Vejamos como identificar e declarar o problema com um exemplo prático: Marcos 10:46-52 — a narrativa da cura do cego Bartimeu. Se fizermos as perguntas acima, poderemos encontrar as seguintes respostas:

- **Sobre a falha humana em viver de acordo com a vontade de Deus.** No próprio texto, percebemos o problema da falta de misericórdia e de compaixão dos seguidores de Jesus com relação a Bartimeu. Ainda no contexto histórico e cultural, descobrimos que existe um preconceito social e religioso para com os enfermos e marginalizados. Eles eram considerados impuros.
- **Sobre as consequências dessa atitude.** Tanto no texto quanto no contexto, ficam evidentes as consequências da miséria, da discriminação, da pobreza, do isolamento social e do preconceito religioso.
- **Sobre os danos causados pelo pecado.** Bartimeu, por ser considerado impuro, não podia ir ao templo adorar a Deus com os outros, por isso vivia à margem, à beira do caminho, e dependia da bondade e da misericórdia de uns poucos.

Uma vez que percebemos com clareza todos os aspectos que envolvem o problema na passagem, devemos procurar declarar isso em um parágrafo simples e objetivo. Por exemplo, poderíamos dizer: *O cego Bartimeu vive à margem da sociedade, está na miséria e sofre por falta de compaixão dos que acompanham a Jesus.*

Uma vez tendo esse parágrafo bem elaborado, devemos criar, com base nele, uma frase-foco para o problema. Deve ser uma frase curta e propositiva que afirme de modo claro e sucinto o problema no texto bíblico. Essa frase vai servir para o esboço do sermão e para a seleção do conteúdo do sermão. Por exemplo, poderíamos afirmar de modo direto: *Os seguidores de Jesus não têm compaixão do cego Bartimeu.*

Identificando a graça no mundo no texto bíblico

Todo texto bíblico tem, direta ou indiretamente, um foco, tanto no problema quanto na graça. Como já indicado, a graça é a boa-nova em resposta ao problema apresentado e identificado no texto. A graça é a ação salvadora de Deus que motiva e capacita seu povo a enfrentar o problema. E é também o julgamento do pecado e a disciplina de Deus que visa à restauração de seu povo.

Se a graça ainda não está bem clara para o pregador, é importante que ele também faça algumas perguntas-chave e procure as respostas no texto e no contexto estudados nas tarefas anteriores. Entre outras, podemos fazer as seguintes perguntas: "O que Deus está fazendo nesse texto ou por trás dele? Qual resolução de conflito ou do problema o texto oferece? Quais ações esperançosas Deus está realizando no texto ou por trás do texto? O que esse texto revela sobre o amor de Deus?".

PERCORRENDO A JORNADA DA PREGAÇÃO

Usando ainda como exemplo a narrativa do cego Bartimeu (Marcos 10:46-52), ao responder tais perguntas podemos identificar várias situações que indicam a graça. Por exemplo, Jesus ouve seu nome chamado em um pedido angustiado por socorro; Jesus interrompe a marcha e manda chamar Bartimeu; Jesus pergunta a Bartimeu o que ele quer; Jesus cura Bartimeu de sua cegueira; Jesus promove uma transformação: o cego que vivia isolado à beira do caminho agora pode segui-lo com a multidão; Jesus também restaura Bartimeu espiritualmente, pois no contexto da narrativa a cegueira estava associada ao pecado, e, uma vez curado, aquele homem podia se apresentar ao sacerdote e ser declarado limpo.

Diante de todos esses fatos evidentes no texto e no contexto, a tarefa agora é construir um parágrafo que apresente a graça no texto bíblico. Um parágrafo que mostre a compaixão, atenção, cura e transformação que Jesus promove na vida de Bartimeu.

Aqui, novamente, é fundamental a capacidade de síntese do pregador. Uma dica é construir o parágrafo como uma resposta ao problema identificado no passo anterior. Assim, uma vez que declaramos o problema (os seguidores de Jesus não têm compaixão do cego Bartimeu), podemos descrever a graça da seguinte maneira: *Jesus ouve o clamor de Bartimeu e se compadece dele. Após chamá-lo, Jesus cura e restaura sua vida, a ponto de Bartimeu deixar a beira do caminho e passar a seguir Jesus pelo caminho.*

Com base nesse parágrafo completo, o pregador pode então definir também uma frase-foco mais sucinta para a graça, a fim de expressar da melhor maneira possível essa graça no texto. Por exemplo: *Jesus, movido por compaixão, restaura completamente a vida de Bartimeu*. Ou, se preferir, mais curta ainda: *Jesus tem compaixão de Bartimeu*. Essa frase também será usada na composição do esboço do sermão mais adiante.

Identificando a missão no mundo no texto bíblico

Às vezes, a missão aparece de forma explícita no texto bíblico, como no caso dos Dez Mandamentos. Quando Deus diz "Não matarás", não há dúvida de qual é a missão, ou seja, o que devemos fazer ou não fazer. Entretanto, em outros casos, a missão não aparece no texto de forma tão clara assim. Por exemplo, em Efésios 4:1, Paulo faz um apelo aos cristãos daquela igreja para que "vivam de maneira digna da vocação que receberam". Aqui é preciso estudar um pouco mais o contexto para entender o que Paulo quer dizer por "viver de maneira digna".

No caso do exemplo da narrativa de Bartimeu, a missão não é declarada de forma explícita, mas tanto o problema quanto a graça apontam para a missão. Uma vez que já identificamos o problema na narrativa (falta de compaixão dos seguidores de Jesus) e identificamos a graça de Deus (a compaixão de Jesus promovendo uma transformação na vida de Bartimeu), podemos concluir com segurança que a missão que a passagem pretende promover está relacionada com a responsabilidade dos discípulos em ter compaixão dos pequeninos e aflitos. Assim, podemos identificar e declarar a missão no texto da seguinte forma: *Motivar os discípulos de Jesus a agirem com compaixão diante dos aflitos.*

Uma vez identificados e declarados o problema, a graça e a missão, devemos colocar as verdades bíblicas e teológicas em perspectiva, para formarmos a grande ideia exegética da passagem, que neste caso poderia ser: *Os seguidores de Jesus não têm compaixão do sofrimento de Bartimeu, mas Jesus, movido por compaixão, ao escutar o cego clamar o seu nome, restaura completamente a vida de Bartimeu, deixando claro para seus discípulos que eles também devem agir com compaixão diante dos aflitos.*

Agora, uma vez que temos bem clara a ideia exegética da passagem, devemos aprofundar sua compreensão à luz do evangelho e da teologia bíblica. A pergunta-chave aqui deve ser: "Como a ideia exegética pode se conectar com a cruz, a ressurreição, a ascensão e o coração do evangelho?". A resposta nos levará a uma interpretação e a uma aplicação missional do texto:

A cura de Bartimeu revela a misericórdia de Deus pelo ser humano. Uma misericórdia capaz de entender a dor e o sofrimento de uma pessoa social e espiritualmente excluída, que carrega no corpo as marcas da Queda. Em última instância, todo ser humano carrega consigo as marcas da Queda que gerou uma limitação física, social e espiritual. O que Jesus fez com Bartimeu é uma pequena amostra do que ele fará com todos aqueles que creem em seu nome. O sacrifício na cruz do Calvário é a consumação do plano redentivo de Deus. Na cruz, Jesus redimiu o mundo, incluindo o ser humano. E isso significa o fim da maldição do pecado e a esperança de que todos os que creem em Jesus Cristo experimentarão uma cura completa e eterna.

O resultado dessa tarefa é uma interpretação bíblica, expositiva e missional do texto selecionado e um guia para a aplicação, a elaboração de um esboço homilético e a seleção do conteúdo do sermão.

QUINTA PARADA: IDENTIFIQUE O PROBLEMA, A GRAÇA E A MISSÃO NO SERMÃO

Um sermão sem uma boa aplicação não passa de mera coleção de informações. As informações até podem ser relevantes, mas se o pregador não as tornar práticas o sermão não alcançará seu objetivo. Por isso, o papel do pregador é tornar as verdades bíblicas e teológicas identificadas e declaradas no passo anterior pertinentes aos ouvintes.

Aplicando o problema no sermão

Uma vez que o problema da passagem bíblica está identificado e bem claro, devemos transpor o abismo histórico-cultural para identificar como ele se aplica à nossa realidade. A identificação e a declaração do problema no texto bíblico servem como ponte entre o passado e o presente. Os costumes e as circunstâncias certamente mudaram com o passar do tempo, mas a essência da natureza humana e dos problemas do passado é a mesma de hoje. A falta de misericórdia, o ódio, a vingança, o medo, a discriminação, a injustiça e outros males continuam presentes em nosso mundo e são demonstrados nas atitudes humanas.

Assim, com a identificação do problema no texto ou no contexto bíblico podemos identificar o mesmo tipo de problema em nosso contexto hoje. Mas para isso precisamos primeiro estabelecer corretamente as equivalências entre os personagens bíblicos e os ouvintes contemporâneos, bem como entre os fatos passados e os fatos do mundo presente.

Tomando ainda como exemplo a narrativa do cego Bartimeu, podemos fazer as seguintes correlações:

- O cego Bartimeu pode ser identificado com todos aqueles que vivem à margem da sociedade por causa da miséria física, social ou econômica. Ele pode ser também identificado com os ouvintes que experimentam dificuldades, preconceitos e discriminação em seus contextos de vida, social e profissional.
- Os seguidores e os discípulos de Jesus podem ser identificados com todos aqueles que de uma forma ou de outra também se identificam como discípulos, religiosos, membros de igrejas, ou mesmo aqueles que buscam na espiritualidade um caminho a seguir. Isso dependerá do público-alvo da pregação.

Com essa correlação em mente e partindo da frase-foco do problema identificada e declarada anteriormente, podemos agora identificar e declarar a aplicação do problema para os nossos ouvintes:

O PROBLEMA NO TEXTO BÍBLICO:

Os seguidores de Jesus não têm compaixão do cego Bartimeu.

APLICAÇÃO DO PROBLEMA NO SERMÃO:

A igreja hoje não demonstra compaixão para com os aflitos.

Essa aplicação do problema no sermão deve ser bem explorada e compreendida em todas as suas dimensões e contextos. O pregador pode identificar quem são os excluídos e aflitos de nossa sociedade, as circunstâncias que os afligem, como a igreja ou os religiosos lidam com essa situação e quais seriam as nossas responsabilidades como discípulos de Jesus diante dessas situações.

Aplicando a graça no sermão

Uma vez que a graça também está identificada na passagem bíblica, poderemos transpor o abismo histórico-cultural entre o mundo bíblico e o nosso contexto por meio de correlações corretas e descobrir como a graça de Deus se aplica hoje ao problema identificado em nossa realidade atual.

Os costumes e as circunstâncias atuais são diferentes daqueles retratados no texto bíblico, mas a natureza de Deus e a essência de sua graça, revelada no passado, é a mesma hoje e sempre. Deus continua perdoando, transformando, curando, promovendo mudanças e restaurando a dignidade do ser humano.

Assim, com as correlações corretas em mente e partindo da frase-foco da graça identificada e declarada anteriormente, podemos agora identificar e declarar sua aplicação aos nossos ouvintes:

A GRAÇA NO TEXTO BÍBLICO:
Jesus, movido de compaixão, restaura a vida de Bartimeu.

A APLICAÇÃO DA GRAÇA NO SERMÃO:
Jesus, movido de compaixão, continua restaurando os aflitos.

Essa aplicação da graça também deve ser ampliada no sermão, e a partir dela o pregador deve identificar a dimensão de alcance dessa verdade na vida dos ouvintes. Esse desenvolvimento da graça deve ser uma resposta ao problema apresentado anteriormente.

Aplicando a missão no sermão

Assim como a missão identificada no texto bíblico ou em seu contexto está relacionada com a resposta humana esperada diante do agir de Deus sobre o problema, nesse movimento de aplicação da missão devemos identificar e declarar as respostas que esperamos de nossos ouvintes diante da pregação da Palavra, ou seja, qual postura, atitude, ministério e ação esperamos promover.

Portanto, respeitando as correlações corretas e partindo da frase-foco da missão identificada e declarada anteriormente no texto de Marcos 10:46-52, podemos agora identificar e declarar a aplicação da missão:

> **A MISSÃO NO TEXTO BÍBLICO:**
> Motivar os discípulos de Jesus a agirem com compaixão diante dos aflitos.
>
> **A APLICAÇÃO DA MISSÃO NO SERMÃO:**
> Motivar a igreja a ter compaixão diante dos aflitos.

O resultado das tarefas realizadas nessa etapa da jornada é uma aplicação relevante das verdades bíblicas e teológicas do texto escolhido para a nossa congregação. De forma sucinta, a nossa aplicação do texto seria:

A JORNADA DA PREGAÇÃO

> Muitos cristãos não demonstram compaixão para com os necessitados (PROBLEMA), mas Jesus, movido de compaixão, continua restaurando a vida dos aflitos (GRAÇA), deixando claro para nós, cristãos, que devemos ter compaixão dos aflitos, assim como Jesus teve de Bartimeu (MISSÃO).

Ao final do primeiro percurso da jornada da pregação — o estudo do texto bíblico, no qual aplicamos as tarefas específicas sugeridas no roteiro —, o pregador terá diante de si uma boa e sucinta interpretação das verdades bíblicas e teológicas do texto bíblico selecionado, bem como suas aplicações contextualizadas para a vida dos ouvintes, e a aplicação missional. Como todas as verdades bíblicas e teológicas foram extraídas do texto bíblico e de seu contexto e as aplicações contextualizadas estão diretamente relacionadas com essas verdades, teremos em mão o conteúdo principal de um sermão bíblico, expositivo e missional.

No caso de Marcos 10:46-52, no exemplo que temos usado, o resultado é o seguinte (interpretação, aplicação e movimento missional):

Os seguidores de Jesus no caminho para Jerusalém não demonstram compaixão por Bartimeu e seu sofrimento. Mas Jesus, movido por uma grande compaixão, ao escutar o cego clamar o seu nome, restaura completamente a vida de Bartimeu, deixando claro para seus discípulos que eles também devem agir com compaixão diante dos aflitos.

Hoje, muitos cristãos também não demonstram compaixão para com os aflitos, mas Jesus, movido de compaixão, continua ouvindo o clamor dos necessitados e restaurando a vida dos aflitos, daqueles que clamam pelo seu nome, deixando claro para nós que devemos ter compaixão dos aflitos, assim como Jesus teve de Bartimeu.

A cura de Bartimeu revela a misericórdia de Deus pelo ser humano. Uma misericórdia capaz de entender a dor e o sofrimento de uma pessoa social e espiritualmente excluída, que carrega no corpo as marcas da Queda.

Em última instância, todo ser humano carrega consigo as marcas da Queda que gerou uma limitação física, social e espiritual. O que Jesus fez com Bartimeu é uma pequena amostra do que ele fará com todos aqueles que crerem em seu nome. O sacrifício na cruz do Calvário é a consumação do plano redentivo de Deus. Na cruz, Jesus redimiu o mundo, incluindo o ser humano. E isso significa o fim da maldição do pecado e a esperança de que todos os que creem em Jesus Cristo experimentarão uma cura completa e eterna.

É claro que o texto bíblico contém muito mais detalhes, informações e possibilidades. Entretanto, esse é um bom começo para direcionar o nosso estudo. A partir dessa visão clara do texto, podemos nos aprofundar tanto na explicação quanto na aplicação da passagem bíblica à nossa vida e à vida daqueles a quem temos o privilégio de pregar.

SEGUNDA ETAPA: A JORNADA PELA COMPOSIÇÃO DO SERMÃO

Uma vez que concluirmos a primeira etapa da jornada da pregação e fizermos as paradas estratégicas no percurso decorrido pelo texto bíblico, estaremos prontos para entrar no território da composição do sermão. Nesse trajeto da nossa jornada, faremos três paradas estratégicas: uma para esboçar a estrutura homilética do sermão, que servirá de guia para a seleção e organização do conteúdo a ser pregado; outra para a seleção e adaptação de ilustrações e exemplos que visam tornar a aplicação das verdades bíblicas e teológicas mais efetiva na vida dos ouvintes; e uma para escrever o manuscrito completo do sermão, em linguagem adequada à comunicação oral.

Esse é o percurso homilético de nossa jornada da pregação, no qual precisamos fazer uma escolha relacionada com o formato do sermão. Essa escolha é feita na próxima parada, quando a tarefa é elaborar o esboço homilético do sermão. Todo o conteúdo já produzido nas tarefas anteriores servirá de base para a elaboração do esboço e a composição do manuscrito do sermão.

SEXTA PARADA: ELABORE O ESBOÇO HOMILÉTICO DO SERMÃO

O esboço homilético é um recurso muito eficaz que auxilia o pregador em duas direções: (1) na seleção do material que comporá o sermão, pois, como já afirmei, nem tudo o que usamos na "cozinha" da exegese deve ser levado para a "sala de jantar" da pregação; (2) na organização e composição do sermão, que precisa ser dinâmico e atraente do começo ao fim.

Para o pregador, elaborar um esboço homilético antes de escrever o sermão completo é como o engenheiro ter um projeto arquitetônico nas mãos antes de levantar as paredes e construir uma casa. O esboço homilético é como a planta de uma obra, que orienta todo o projeto. E, assim como no mundo da construção civil percebemos diferentes estilos arquitetônicos de acordo com as épocas e os lugares, na pregação também veri-ficamos estilos homiléticos diferentes, como o estilo da homilética clássica, própria do mundo moderno, e o estilo da nova homilética, própria do mundo pós-moderno.

Ambos os estilos homiléticos — o dedutivo da homilética clássica e o indutivo da nova homilética— têm o seu valor. Não tenho a pretensão de convencer ninguém a escolher o meu estilo homilético preferido. Até porque, eu mesmo me valho de ambos os estilos, dependendo do texto que estou pregando, e às vezes até combino os dois estilos em um mesmo sermão, como uma espécie de formato híbrido ou semi-indutivo.

Para mim, a chave para definirmos o melhor formato para o sermão é a característica do texto bíblico que estamos pregando. Por exemplo, textos bíblicos que apresentam uma estrutura literária dedutiva, como as epístolas e muitos salmos, naturalmente sugerem uma estrutura dedutiva para os sermões. Já os textos narrativos ou situados em contextos narrativos, que apresentam enredos indutivos, combinam bem com estruturas homiléticas indutivas. Cabe ao pregador identificar qual estrutura homilética servirá melhor à pregação do texto bíblico escolhido, para assim tornar sua mensagem clara e interessante aos ouvintes.

No entanto, independentemente do estilo que escolhermos, a estrutura homilética deve servir ao nosso objetivo principal de expor e aplicar as verdades bíblicas e teológicas que identificamos nas paradas anteriores da jornada, as quais definimos como: o problema, a graça e a missão.

Ao contemplar esse tripé fundamental de conteúdo em nosso esboço homilético, seguindo um desenvolvimento homilético que parte da exposição e aplicação do problema e culmina na exposição e aplicação da graça e da missão, estaremos naturalmente utilizando um movimento mais narrativo, mesmo se optarmos por uma estrutura homilética dedutiva, pois nosso sermão se moverá sobre o enredo que começa com as más notícias (problema) e termina com as boas-novas (graça).

Mas antes de prosseguir, precisamos nos aprofundar na compreensão de cada um desses modelos homiléticos para entender quando e como utilizá-los de forma adequada para expor e aplicar as verdades bíblicas e teológicas do texto, e assim, preparar sermões bíblicos, expositivos e missionais.

Estilo clássico: movimento dedutivo

Na metodologia clássica, como já expliquei no início do livro, os sermões, em sua maioria, são construídos de forma dedutiva, didática e fortemente marcados por argumentações lógicas e racionais. Nesse estilo de estrutura homilética, a ideia central ou o tema do sermão é geralmente declarado no início da mensagem, por meio de uma proposição e logo após uma explicação introdutória sobre o texto e seu contexto.

O tema do sermão é a tese principal da mensagem, ou seja, a conclusão a que chegou o pregador durante seu estudo do texto. Ao apresentá-lo no início da mensagem, o pregador está afirmando a conclusão que os ouvintes devem abraçar. Com base nesse tema, o sermão é desenvolvido de forma lógica e didática por meio de uma série de argumentos — os pontos e subpontos —, que têm o objetivo de comprovar e desenvolver o tema do sermão. A aplicação geralmente é feita no final, após a exposição do texto bíblico, mas em alguns casos o pregador costuma fazer aplicações em cada um dos argumentos apresentados. Nos sermões expositivos, procura-se observar a estrutura literária da passagem para determinar a quantidade de pontos e subpontos. É o texto bíblico que determina quantos pontos o pregador deve desenvolver no sermão.

Um sermão nesse estilo geralmente segue a seguinte estrutura básica:

- Introdução
- Explicação
- Tema ou proposição
- Argumentação
- Conclusão

Cada parte da estrutura clássica do sermão tem uma função importante no desenvolvimento da mensagem. Vejamos:

Introdução

O pregador pode começar o sermão diretamente com a explicação do texto bíblico. Entretanto, mais do que nunca, os primeiros minutos da mensagem são fundamentais para que os ouvintes embarquem ou não no sermão. Por isso, uma introdução bem elaborada tem um papel importantíssimo para despertar o interesse dos ouvintes e cativá-los.

O reverendo Joás Dias de Araújo, meu saudoso professor de pregação, certa vez disse o seguinte sobre o papel da introdução: "A introdução deve preparar a plateia para o pregador andar de chinelos no meio dela". Segundo ele, pregadores que no início do sermão já apontam o dedo para os ouvintes com fortes exortações criam uma barreira entre eles e o restante do sermão. Ele afirma ainda que é na introdução que o pregador conquista os seus ouvintes.[6]

O professor Greidanus sugere, de maneira bem-humorada, que a introdução já deve ilustrar a necessidade do sermão, pois é essa necessidade que dá aos ouvintes o motivo para acompanhar o sermão. Como já expliquei, a necessidade está diretamente relacionada com o problema identificado no texto bíblico. Greidanus sugere o uso de uma ilustração que sirva para lançar luz sobre o problema que será tratado no sermão. A introdução serve também de transição da leitura bíblica para a explicação do texto que virá em seguida. No entanto, devem se evitar aplicações preliminares na introdução, pois estas têm seu lugar após a explicação do texto bíblico.

Por fim, a introdução deve ser breve, pois não é a parte principal do sermão. Ela deve também evitar aplicações preliminares. As aplicações no sermão devem surgir somente após a explicação do texto bíblico.

Explicação

A explicação do texto bíblico tem como objetivo demonstrar aos ouvintes que o tema do sermão, ou seja, a ideia central da passagem, deriva realmente das Escrituras. É nessa parte que o pregador apresenta aos ouvintes o pano de fundo da passagem bíblica, o cenário, os personagens envolvidos, o contexto

---

[6]O reverendo Joás Dias de Araújo foi professor de pregação no Seminário Presbiteriano do Sul, em Campinas, e fez essa afirmação em uma de suas aulas, em 1992.

histórico e cultural, o problema tratado no texto e as questões exegéticas mais importantes para a compreensão do tema que será desenvolvido na pregação.

Tema

O tema é a ideia central do sermão e está diretamente relacionado com o que Deus está fazendo no texto ou por trás do texto, pois, como tratamos na primeira parte do livro, o pressuposto fundamental da pregação é que Deus é o protagonista nas Escrituras. Temas teocêntricos são importantes para evitarmos sermões antropocêntricos.

O tema não precisa ser necessariamente o título do sermão. O título do sermão pode ser uma derivação do tema que seja mais atraente para a mensagem. Mas o tema deve surgir na mensagem como a linha mestra por onde o sermão se desenvolverá. Seu papel é dar foco e direção a todo o sermão, a fim de evitar que o pregador se desvie do assunto.

Assim, o tema deve ser declarado em uma frase afirmativa ou proposição. Sempre que possível, o tema deve conter apenas uma ideia principal, que aponte para a ação graciosa de Deus no texto ou no contexto. Uma ideia só é completa quando a frase apresenta um verbo. Frases sem verbos apresentam ideias incompletas. A frase que declara o tema do sermão pode ser elaborada a partir da resposta à seguinte pergunta chave: "O que Deus está fazendo no texto ou por trás do texto?".

O tema, expresso na frase que responde à pergunta acima, é na verdade o sermão sintetizado em uma frase. E o sermão será o tema desenvolvido ao longo da mensagem. Se o pregador não conseguir sintetizar seu sermão em uma frase simples e clara, é sinal de que a ideia central não foi ainda compreendida e que o sermão pode se tornar confuso e cheio de ideias desconectadas.

Exemplos de temas que não apresentam ideias completas: "As características dos verdadeiros discípulos"; "O amor de Deus"; "Amigos de Deus". Essas frases podem até ser usadas como títulos para a mensagem, mas não apresentam ideias completas. Além do mais, não declaram a ação graciosa de Deus no texto ou por trás do texto.

Exemplo de temas que apresentam ideias completas: "Jesus salva o pecador" (Lucas 19:1-10); "Jesus ouve o clamor do aflito" (Marcos 10:46-52); "Deus mata a sede de seu povo" (Êxodo 17:1-7). Esses temas contêm um verbo, e Deus (Pai, Filho ou Espírito Santo) é o sujeito das orações. Todos eles apontam para o protagonismo de Deus na passagem bíblica.

Argumentação

Essa parte constitui o corpo da pregação. É por meio da argumentação que o pregador desenvolve e aplica o tema do sermão em resposta ao problema. Alguns pregadores clássicos preferem apresentar uma exposição bíblica de todo o texto e deixar uma aplicação geral para o fim. Outros preferem fazer aplicações pontuais em cada um dos argumentos, principalmente quando cada um destaca um aspecto diferente no sermão.

Os argumentos que compõem o sermão devem ser na quantidade que a estrutura do texto oferece. Eles devem estar relacionados entre si e submetidos ao tema, de modo que cada argumento não se transforme em um minissermão dentro do sermão. De preferência, os enunciados de cada argumento devem seguir um formato semelhante e apresentar apenas uma ideia.

O pregador precisa tomar cuidado para não duplicar o argumento, e todos devem ser equivalentes em conteúdo e formato. Uma boa sugestão para o desenvolvimento interno de um argumento ou ponto do sermão é seguir esta estrutura:

- Apresente o enunciado do argumento com clareza.
- Aponte e explique a base bíblica que dá embasamento a esse argumento.
- Aplique o argumento à vida dos ouvintes.
- Ilustre o ponto que está sendo aplicado.
- Conclua o argumento conectando-o com o tema.

Conectar o argumento com o tema é a melhor forma de mover-se de um ponto do sermão para o outro.

Conclusão

É a parte final da pregação e tem como objetivo principal provocar uma resposta dos ouvintes ao que eles escutaram da parte de Deus. Na conclusão, não introduzimos assuntos que não foram tratados no sermão. Nessa parte, o pregador procura sintetizar a mensagem e desafiar os ouvintes. Em algumas culturas cristãs, os pregadores fazem apelos nos quais esperam dos ouvintes uma participação por meio de uma resposta.

Há muitas maneiras de preparar uma conclusão: simplesmente retomar o tema e os argumentos de forma sucinta; explorar a missão por meio de exemplos e ilustrações; demonstrar uma vez mais a graça de Deus expressa no tema. Cabe ao pregador identificar a melhor maneira de atingir o objetivo da conclusão, que é obter uma resposta positiva dos ouvintes com relação ao que ouviram na mensagem.

EXEMPLO DE ESBOÇO HOMILÉTICO DEDUTIVO

TEMA:

Deus faz justiça aos que andam em seus caminhos (Salmos 1:1-6).

ARGUMENTOS:

I. Deus abençoa o justo (1-3)

  a. Ele não segue o conselho do ímpio (1)

  b. Ele tem prazer na lei do Senhor (2)

  c. Tudo o que ele faz prospera (3)

II. Deus julga o ímpio (4-5)

  a. São como palha no vento (4)

  b. Eles não resistirão no julgamento (5)

III. Deus faz justiça aos dois caminhos (6)

  a. Deus aprova o caminho dos justos (6a)

  b. O caminho do ímpio leva a destruição (6b)

IV. Jesus nos torna justos diante de Deus (Romanos 5)

Essa estrutura homilética clássica é desenvolvida a partir do esboço da estrutura literária do texto bíblico, identificada nos passos anteriores da jornada. O tema é a ideia central da passagem, ou seja, a graça, também identificada nos passos anteriores da jornada da pregação. Os argumentos seguem a estrutura natural do texto e desenvolvem a ideia central revelada no tema. Um quarto ponto é incluído para fazer um movimento missional no sermão. Deve-se incluir nesse esboço a introdução e a explicação do texto e do contexto, bem como uma conclusão.

Estilo contemporâneo: movimento indutivo

A nova homilética surgiu como uma reação à escola moderna de pregação. Tem como objetivo comunicar a Palavra de Deus de maneira mais eficaz a uma geração fortemente marcada pela imagem. Por isso, um dos objetivos dos sermões nesse estilo é ajudar os ouvintes a enxergar a mensagem. Assim, essa escola homilética sugere uma direção indutiva para o desenvolvimento do sermão, ou seja, em vez de argumentos racionais marcados por pontos e subpontos, ela se vale de movimentos que dão ao sermão um estilo mais narrativo. Dessa forma, o esboço homilético se parecerá menos com um sumário de livro e mais com o enredo de um filme ou de uma história.

Nessa abordagem, em vez de declarar logo no início o tema ou a ideia central da mensagem, que é na verdade a conclusão do sermão, o pregador convida os ouvintes a embarcar em uma jornada que os conduzirá a essa conclusão. Basicamente, o objetivo da nova homilética é demonstrar as verdades bíblicas, em vez de apenas declará-las de forma lógica na mensagem.

Uma das propostas da nova homilética que mais me influenciaram nos últimos anos é a metodologia homilética do professor Paul Scott Wilson, cujo livro *As quatro páginas do sermão*[7] tive o privilégio de traduzir para o português.

Essa obra é na verdade uma gramática homilética. Não se trata de um sermão com quatro páginas literais, mas quatro movimentos com funções teológicas específicas no sermão. A "página 1" é um movimento dentro do sermão que tem como objetivo apresentar o mundo bíblico através das lentes

---

[7]Paul Scott Wilson, *As quatro páginas do sermão* (São Paulo: Vida Nova, 2020).

do problema, ou seja, a falha humana em viver de acordo com a vontade de Deus, as consequências dessa atitude e os danos causados pelo pecado tanto para o relacionamento com Deus quanto para com a criação. A "página 2" é o movimento de aplicação do problema identificado e demonstrado no texto bíblico, agora na vida dos ouvintes. A "página 3" é um movimento de retorno ao texto bíblico, mas agora com foco na graça de Deus, ou seja, um movimento de exposição bíblica com foco teocêntrico, que procura demonstrar o protagonismo de Deus no texto bíblico. A "página 4" é um movimento de aplicação da graça de Deus demonstrada na "página 3", mas agora na vida dos ouvintes.

Essa estrutura sugere uma breve introdução antes do primeiro movimento e uma conclusão após o quarto movimento. As páginas ou movimentos não precisam necessariamente seguir essa ordem e podem até surgir no sermão de forma misturada, mas precisam estar presentes para que o sermão tenha um equilíbrio entre exposição e aplicação e entre problema e graça. A missão surge nos dois movimentos de aplicação: na "página 2", tratada como um problema; na "página 4", tratada como um privilégio. O sermão é narrativo, pois se move sobre o enredo que inicia com o problema e conclui com a graça. A ideia central ou o tema do sermão é a declaração da graça e surge no sermão com força depois que o problema é demonstrado e apresenta o motivo para a ação de Deus.

Retomando o trabalho feito anteriormente em Marcos 10:46-52, na história de Bartimeu, para demonstrar como identificar e declarar o problema, a graça e a missão, a estrutura homilética para um sermão nesse texto e estilo poderia ser assim:

> **MARCOS 10:46-52**
>
> **Página 1:**
> Os seguidores de Jesus não têm compaixão do cego Bartimeu.
>
> **Página 2:**
> Muitos cristãos não demonstram compaixão para com os aflitos.
>
> **Página 3:**
> Jesus, movido de compaixão, restaura a vida de Bartimeu.
>
> **Página 4:**
> Jesus, movido de compaixão, continua restaurando os aflitos.

Uma introdução antecede a "página 1" e tem o propósito também de cativar e lançar luz sobre o problema que será tratado no texto bíblico. Uma conclusão logo após a "página 4" conclui a mensagem lançando luz sempre para a graça de Deus refletida na vida dos ouvintes e motivando-os para a missão. Como a "página 1" e a "página 3" são movimentos de exposição bíblica, o pregador poderá usar o material produzido durante o percurso no texto bíblico para compor esses movimentos. E como a "página 2" e a "página 4" são movimentos de aplicação contextualizada, o pregador poderá selecionar exemplos e ilustrações para tornar a aplicação mais clara e aprofundá-la em todas as suas dimensões.

Um texto bíblico, dois estilos homiléticos

Para concluir a explicação dessa tarefa da elaboração do esboço homilético, quero reforçar que o mais importante, seja qual for o estilo escolhido, é que o sermão apresente as verdades bíblicas e teológicas do problema, da graça e da missão. Seja de forma dedutiva ou clássica, seja de forma indutiva ou contemporânea, são essas verdades que devem compor o conteúdo principal do sermão. Como já disse, o pregador precisa identificar a qual estilo se adapta melhor e qual estilo pode servir melhor ao texto que será pregado. Assim, concluo essa parte apresentando duas possibilidades de estrutura homilética, uma clássica e uma outra contemporânea, para um mesmo texto bíblico:

SALMO 46: ESTRUTURA CLÁSSICA

INTRODUÇÃO:

Usar uma ilustração que demonstre o medo comum diante do perigo causado pelos inimigos de Deus (PROBLEMA).

EXPLICAÇÃO:

Explicar o contexto do salmo e a possibilidade iminente de destruição do povo de Deus vindo de uma nação inimiga, gerando medo e insegurança em todos (PROBLEMA NO TEXTO). Explicar que mesmo diante dessa situação de perigo o salmo exalta a presença de Deus como uma torre de proteção de seu povo (GRAÇA NO TEXTO).

TEMA:

Deus é o nosso auxílio presente na adversidade *(graça)*.

ARGUMENTOS:

Primeiro: Por isso, não precisamos ter medo (MISSÃO).

Segundo: Por isso, devemos contemplar o que Deus já fez (MISSÃO).

Terceiro: Por isso, podemos nos aquietar, sabendo que ele é Deus (MISSÃO).

Quarto: Jesus é o nosso auxílio presente em todos os momentos (MOVIMENTO MISSIONAL). Explorar a promessa de Jesus de estar conosco até a consumação dos tempos (Mateus 28:18-20).

CONCLUSÃO:

Encerar o sermão com o desafio de confiarmos na presença salvadora e protetora de Deus em todos os momentos.

SALMO 46: ESTRUTURA CONTEMPORÂNEA

INTRODUÇÃO:

Usar uma ilustração que demonstre o medo comum diante do perigo causado pelos inimigos de Deus (PROBLEMA).

PÁGINA 1:

O povo de Deus sente medo diante da adversidade.

Explicar o texto e seu contexto com o propósito de demonstrar o problema do medo que o povo de Deus sentia diante de uma iminente destruição.

PÁGINA 2:

Sentimos medo diante da adversidade.

Aplicar o mesmo tipo de problema ao nosso contexto, demonstrando como as adversidades produzem medo em nosso coração.

PÁGINA 3:

Deus é o auxílio presente de seu povo na adversidade.

Explicar o texto com o propósito de demonstrar a graça da presença constante de Deus com seu povo e a proteção que vem do alto. Fazer o movimento missional apontando para Cristo, para a segurança de salvação e para a vida eterna de todos os que creem.

PÁGINA 4:

Deus é o nosso auxílio presente na adversidade.

Aplicar a graça ao contexto dos ouvintes demonstrando que Deus continua presente ao lado de seu povo e que Jesus é a nossa segurança. Motivar os ouvintes a não mais ter medo.

CONCLUSÃO:

Encerar o sermão com uma ilustração que inspire os ouvintes a confiar na presença salvadora e protetora de Deus em todos os momentos.

SÉTIMA PARADA: SELECIONE ILUSTRAÇÕES PARA O SERMÃO

Manter a atenção permanente dos ouvintes sempre foi um grande desafio para o pregador, principalmente nesta geração tão marcada pela imagem e pela interatividade. É muito fácil perder a atenção dos ouvintes durante o sermão, ainda mais quando o conteúdo da mensagem é muito teórico e abstrato. As ilustrações e exemplos são recursos que tornam o sermão mais concretos, pois ajudam os ouvintes a enxergar o que está sendo pregado. Entretanto, muitas vezes as ilustrações e os exemplos são utilizados de forma inadequada, sem conexão com a mensagem, sem que o pregador tenha bem claro o objetivo que quer alcançar com tais recursos e sem explorá-los em todo o seu potencial.

Assim como todos os elementos que compõem o sermão, as ilustrações e exemplos devem ter uma função clara e objetiva. Nesse caso, além de serem recursos para despertar e manter a atenção dos ouvintes, a função principal é auxiliar o pregador na aplicação das verdades bíblicas e teológicas na vida dos ouvintes, a fim de torná-las mais claras. Isso acontece quando uma boa ilustração ajuda os ouvintes a enxergar e a se identificar com o que está sendo aplicado. As ilustrações fornecem imagens para os ouvintes, e essas imagens devem ser exploradas à medida que a aplicação se aprofunda, pois são elas e os significados que carregam que ajudam a tornar a aplicação mais concreta e impactante.

Uma boa ilustração tem o potencial de mover os ouvintes de uma postura mental mais cognitiva e racional para uma postura mais afetiva e emotiva com relação ao que estão ouvindo e assim lhes preparar o coração para acolher o que o Espírito

Santo está aplicando na vida deles. Não se trata de explorar um emocionalismo barato no sermão, mas de considerar que os ouvintes são seres humanos e que as emoções fazem parte da essência humana. Assim, a mensagem tem de falar a todos os aspectos da vida humana, tanto ao aspecto racional quanto ao afetivo dos ouvintes.

As ilustrações podem ser elaboradas a partir de um fato histórico, uma experiência pessoal ou de terceiros, uma parábola contemporânea, uma notícia ou mesmo um evento local ou de conhecimento geral. No entanto, elas precisam ser lapidadas para cumprir seu propósito de tornar mais concreta a aplicação do problema, da graça ou da missão. Para isso, o pregador deve selecionar ilustrações que apontem o problema, que demonstrem a graça e inspirem a missão.

Além disso, todas as vezes que usamos uma ilustração é necessário fazermos a conexão entre elas e o que está sendo aplicado. Isso pode ser feito quando concluirmos a ilustração com um destaque explícito ou implícito da *moral da história*. A moral da história deve apontar o problema, a graça ou a missão de forma clara. Em seguida, uma frase de transição deve demonstrar que o problema, a graça ou a missão ressaltados na moral da história estão relacionados com a aplicação pretendida.

Vejamos alguns exemplos do uso de ilustrações, a começar por uma ilustração que pode ser utilizada na introdução do sermão com o objetivo de mostrar o problema que será tratado no texto bíblico e posteriormente aplicado.

Em um sermão baseado no texto de Lucas 19:1-10, sobre a história de Zaqueu, cujo problema no texto bíblico identificado na parada 3 de nossa jornada seja: *Zaqueu vive perdido em sua ganância*, e que uma possível aplicação do problema no sermão identificado na parada 4 de nossa jornada seja: *Podemos nos perder por causa da ganância*, podemos usar uma parábola contemporânea como esta:

> Certa vez, um homem rico perdeu uma bolsa com quatrocentas moedas de ouro.
>
> Então, anunciou nos jornais da cidade que daria uma boa gratificação a quem a encontrasse e a devolvesse para ele.
>
> Dias depois, um homem muito pobre encontrou a bolsa e devolveu-a ao rico.
>
> O rico contou as moedas. Estavam todas ali. Mas, como era muito avarento procurou um jeito de não dar a gratificação prometida. Então, olhou para aquele homem humilde e lhe disse:
>
> — Faltam cem moedas. Você me roubou. Não merece gratificação nenhuma.
>
> O pobre homem foi expor o fato ao juiz.
>
> O juiz chamou o rico e perguntou:
>
> — Quantas moedas havia na bolsa que você perdeu?
>
> — Quinhentas — respondeu-lhe o rico.
>
> — E quantas há na bolsa que este homem trouxe?
>
> — Quatrocentas, respondeu o rico.
>
> Aí o juiz disse:
>
> — Então essa bolsa não é sua. Devolva a bolsa a este homem e desapareça da minha frente.[8]

---

[8]Disponível em: https://sitedopastor.com.br/procura-se/.

Essa parábola por si só não terá efeito se não conectarmos a moral da história com o problema que queremos introduzir no sermão. Assim, é necessária uma conclusão da ilustração que afirme a moral da história. Por exemplo:

> A ganância do homem rico voltou-se contra ele mesmo. Ele quis ter tudo e acabou sem nada. Pessoas assim se perdem na própria ganância.

Feito isso, precisamos agora relacionar a ilustração e sua moral com a parte seguinte do sermão e o texto bíblico a ser explicado. Ou seja, precisamos de uma frase de transição. Por exemplo:

> No texto que acabamos de ler, encontramos um homem tão ganancioso quanto o dono da bolsa com as moedas de ouro. Seu nome é Zaqueu, e ele também vive perdido em meio à sua ganância.

Perceba que o problema da "ganância" está presente na ilustração, na moral da história e na frase de transição para o texto bíblico. A partir daí, o pregador desenvolve a exposição bíblica com o objetivo de explicar o problema revelado no texto e preparar o sermão para a aplicação do problema.

Vejamos agora outro exemplo do uso de uma ilustração para esse mesmo sermão em Lucas 19:1-10, também com foco no problema, porém desta vez com o propósito de ajudar na aplicação do problema ao contexto dos ouvintes, demonstrando como o pecado da ganância pode contaminar todo o nosso ser:

> Certa vez eu peguei uma maçã para comer. Ela parecia perfeita aos meus olhos, vermelha e suculenta. Mas quando dei a primeira mordida, um pequeno bichinho apareceu se movendo dentro dela. A maçã, bela por fora, já tinha uma parte estragada por dentro. Achei aquilo muito estranho, pois não havia do lado de fora nenhuma marca ou furo. Como aquela pequena larva havia entrado na maçã?
>
> Fiquei sabendo depois que aquele pequeno verme, na verdade, sempre esteve dentro daquela maçã. Antes mesmo de a maçã brotar, um inseto depositou seus ovos na flor da macieira. Algum tempo depois, a larva chegou ao coração da maçã e então começou a comer a fruta de dentro para fora.
>
> **MORAL DA HISTÓRIA:**
> A ganância é um pecado que age em nossa vida como a larva da maçã. Já nascemos com ele. O pecado instalou-se em nosso coração desde que nascemos, corrompe nossos pensamentos e vai nos devorando de dentro para fora. E, quando percebemos, já estamos perdidos em nossa ganância.
>
> **TRANSIÇÃO PARA A APLICAÇÃO DO PROBLEMA:**
> Vivemos hoje em nosso país um momento em que a corrupção toma conta de tudo. Costumamos protestar contra os políticos e os poderosos que, movidos pela ganância, fraudam os cofres públicos do país. Mas se formos honestos, todos nós nascemos com o bichinho da maçã no coração e de certa forma estamos envolvidos em pequenas corrupções que vão nos consumindo por dentro...

Nesse caso, a ilustração desemboca em uma aplicação contemporânea do problema. A imagem do verme na maçã como símbolo da ganância no coração humano serve para ajudar os ouvintes a se identificar com algo que teologicamente poderia soar teórico. A partir dessa construção de imagem, o pregador poderá desenvolver sua aplicação em todas as suas dimensões, até mesmo utilizando exemplos práticos e facilmente observados no dia a dia dos ouvintes.

Por fim, vejamos um exemplo do uso de uma ilustração com o propósito de ajudar na aplicação da graça. O contexto ainda é um sermão em Lucas 19:1-10. O objetivo é ilustrar a graça de Deus definida na frase-foco da graça desenvolvida na parada 4 de nossa jornada, que diz: *Jesus vem buscar e salvar perdidos pecadores como nós!*

> Conta-se que certa vez, em Madri, um filho ofendeu profundamente o pai e saiu de casa para seguir sua vida. O pai, desesperado, saiu atrás do filho procurando-o por todos os lugares. Procurou por dias, semanas e meses, mas sua busca foi em vão. Então, em um último ato de desespero, foi até o jornal da cidade e publicou um anúncio com os seguintes dizeres: "Paco, meu filho. Volte para casa, aqui é o seu lugar. Está tudo perdoado. Me encontre domingo, às 12 horas em frente à igreja central. Seu pai". Quando o domingo chegou, oitocentos Pacos apareceram em frente à igreja central. Todos querendo o perdão do pai.
>
> **MORAL DA HISTÓRIA:**
> Todos nós precisamos do perdão de nosso Pai celeste, pois o peso do pecado nos consome.
>
> **TRANSIÇÃO PARA A APLICAÇÃO:**
> A boa notícia é que o próprio Deus está em busca de nós e já escreveu seu anúncio com letras de sangue na cruz do Calvário: "Filho (se possível, diga o nome das pessoas que estão presentes durante a apresentação do sermão), volte para casa. Está tudo perdoado. Seu pai". Queridos, Jesus veio buscar e salvar pecadores como nós...

É fato que as ilustrações e exemplos não são essenciais para um sermão. Nem sempre conseguiremos encontrar boas ilustrações, e nesse caso é melhor não ter ilustração que incluir uma que atrapalhe. Entretanto, quando conseguimos selecioná-las, elas ajudam muito na comunicação das verdades bíblicas e tornam o sermão mais interessante e atrativo.

Algumas regras básicas devem nortear o pregador na busca e uso das ilustrações:

- Evite usar mais de uma ilustração baseada em experiências pessoais. Isso pode transmitir a ideia de que o pregador está tentando se exaltar, principalmente quando a ilustração conta uma história de sucesso pessoal. Além disso, torna o sermão muito focado na imagem do pregador.
- Evite apresentar uma história fictícia como sendo real. Parábolas contemporâneas e anedotas podem ser usadas para ilustrar o sermão, mas não devem ser apresentadas como fatos históricos. Elas servem para formar conceitos e criar imagens que serão exploradas na aplicação.
- Evite ilustrações muito gráficas, principalmente ao aplicar problemas relacionados à violência ou ao comportamento sexual reprovável. Algumas imagens criadas pelo pregador na mente dos ouvintes podem gerar mais distração que concentração.
- Antes de selecionar as ilustrações, tenha bem definidas as verdades bíblicas e teológicas que deverão ser aplicadas no sermão. São elas que devem nortear a busca, seleção e adaptação das ilustrações.
- Por fim, o bom senso é fundamental para a escolha e uso de cada ilustração ou exemplo selecionado.

OITAVA PARADA: ESCREVA O MANUSCRITO COMPLETO DO SERMÃO

Uma vez que temos sobre a mesa todo o material produzido durante o percurso do estudo do texto bíblico, um bom esboço homilético indicando a estrutura e organização do sermão e as ilustrações e exemplos selecionados e lapidados para ajudar na aplicação das verdades bíblicas e teológicas que serão pregadas, chegou a hora de escrever o manuscrito do sermão.

O objetivo dessa tarefa, além de desenvolver o conteúdo a ser pregado, é o preparo de uma mensagem que apresente uma linguagem clara, direta, precisa, concreta e visual que ajude os ouvintes a vivenciar a mensagem de tal forma que consigam enxergar com os olhos do coração o que está sendo dito. Precisamos sempre lembrar que hoje pregamos para uma geração fortemente marcada pela imagem e que escuta com os olhos.

Sei que muitos pregadores não acham necessário escrever todo o sermão. Eu mesmo, no início do meu ministério não tinha esse hábito. E por isso, muitas vezes durante a pregação, o meu sermão entrava em caminhos que eu não havia planejado em meu esboço homilético. Escrever todo o manuscrito do sermão ajudou-me a organizar melhor minhas mensagens, a evitar repetições, a equilibrar o conteúdo de todas as partes do sermão, a articular melhor as ideias, a escolher bem as palavras mais concretas e menos abstratas, a revisar o que foi preparado e a estudar melhor o conteúdo a ser pregado. Enfim, escrever o manuscrito do sermão inteiro é um exercício fantástico para o desenvolvimento do pregador e de suas pregações, mesmo que no momento da entrega do sermão prefira pregar a partir de um esboço homilético.

Por tudo isso, gostaria de oferecer agora aos leitores algumas orientações simples e práticas de como escrever o manuscrito de um sermão.

Dê preferência a frases curtas

Orações muito longas, com muitas ideias, dificultam a compreensão dos ouvintes. Por isso, em nosso manuscrito devemos dar preferência a orações mais curtas, que contenham uma ou duas ideias bem claras e completas. Vejamos o exemplo de um trecho de aplicação da graça. O texto é novamente Lucas 19:1-10, a história de Zaqueu. A verdade bíblica e teológica sendo aplicada é: *Jesus veio buscar e salvar o perdido*:

> Jesus vem nos buscar. Ele vem restaurar nossa vida. Jesus vem a nosso encontro para restaurar nossa identidade de filhos de Deus. Não importa quão longe estejamos de Deus. Não importa quanto dano o pecado já causou em nossa vida. Ainda somos filhos de Deus. E Jesus vem restaurar nossa vida e nossa identidade. Jesus vem buscar e salvar os perdidos. Nosso Deus é um pai que nunca desiste de seus filhos. Deus nunca desiste de nós...

No caso da exposição de um texto narrativo, quando o pregador reconta a história bíblica, o foco deve ser a ação. A ação é marcada por verbos, e cada verbo forma uma oração. Assim, ao reescrever a narrativa, devemos escrever frases curtas, com poucas orações em cada uma delas. O exemplo a seguir ainda é trecho de um sermão em Lucas 19:1-10:

> Zaqueu sai correndo da coletoria de impostos e segue na direção da multidão. Ele tenta abrir espaço por entre as pessoas para ver

Jesus. Mas não consegue penetrar a parede humana formada à sua frente. Ele fica na ponta dos pés, mas é muito baixinho para enxergar por cima dos ombros das pessoas. Então Zaqueu deixa de lado a compostura, enrola a túnica por cima dos joelhos e, com as canelas à mostra, corre à frente, em busca de uma posição melhor...

Evite a voz passiva nas orações

Orações na voz passiva enfraquecem os verbos e, consequentemente o poder e a contundência das declarações. Veja como as declarações perdem o poder quando os verbos aparecem na voz passiva. Uma coisa é dizer: "Os pecadores são salvos por Jesus"; outra é dizer: "Jesus salva os pecadores". No primeiro exemplo o sujeito passivo é "os pecadores". No segundo exemplo, o sujeito ativo é "Jesus". É também muito mais impactante ouvir: "Jesus restaura a nossa identidade de filhos de Deus", do que: "Nossa identidade de filhos de Deus é restaurada por Jesus".

Use os verbos no tempo presente sempre que possível

Quando recontamos uma história conjugando os verbos no tempo passado, na mente dos ouvintes a história aconteceu no passado. Mas quando contamos uma história conjugando os verbos no presente, os ouvintes ouvirão e vivenciarão uma história acontecendo diante deles.

É claro que em alguns momentos iremos usar verbos no passado, especialmente quando em meio à história precisamos fazer uma inserção como narradores e recorrer a um *flashback* para explicar melhor o contexto. Nesses casos, os verbos podem aparecer no passado. Vejamos um exemplo, ainda em Lucas 19:1-10:

> Quando Jesus chega a Jericó, Zaqueu sente um profundo desejo de ver Jesus. Ele certamente ouviu falar de Mateus, um ex-colega cobrador de impostos que agora era um dos discípulos de Jesus. Zaqueu sai correndo da coletoria e segue na direção da multidão. Ele tenta abrir espaço por entre as pessoas para ver Jesus...

Nesse exemplo, a história está acontecendo no tempo presente, mas existe uma inserção do narrador que menciona algo ocorrido no passado. Por isso, o verbo aparece no passado. Na sequência, a história continua sendo contada no tempo presente.

Use palavras concretas que estimulem imagens na mente dos ouvintes

Para ajudar os ouvintes a enxergar o que estamos pregando, devemos evitar abstrações sempre que possível. É claro que em algumas explicações teológicas isso é mais difícil, por isso o apóstolo Paulo sempre recorreu a ilustrações com imagens concretas e de fácil compreensão para explicar conceitos teológicos em suas cartas, como a ideia da igreja como um corpo com muitos membros, retratada em 1Coríntios 12:12-30.

O uso de palavras concretas serve para estimular a visão dos ouvintes. Em minhas aulas, sempre uso o exemplo de como descrever uma refeição. Podemos simplesmente dizer que no almoço comemos uma boa massa italiana ou então que comemos uma lasanha à bolonhesa, bem suculenta e repleta de queijo gratinado por cima. Certamente, você enxergou essa lasanha ao ler isso e até ficou com fome!

Para criar imagens vívidas na mente dos ouvintes precisamos de algumas palavras concretas para descrever o queestamos dizendo. Mas aqui fica um alerta: não precisamos de muita descrição, pois não se trata de um livro, mas de um sermão. Não se trata de uma comunicação escrita, mas oral. Quando inundamos o texto com longas descrições, tanto dos personagens quanto das ações, acabamos por retardar o ritmo da narrativa, e assim a história parece estar sendo contada em câmera lenta. O sermão precisa ser dinâmico, por isso alguns detalhes concretos são capazes de criar as imagens sem interromper o ritmo da mensagem.

Deixe-me dar um exemplo de como recontar uma história usando imagens concretas. Em Lucas 19:5-6, lemos: "Quando Jesus chegou àquele lugar, olhou para cima e lhe disse: 'Zaqueu, desça depressa. Quero ficar em sua casa hoje'. Então ele desceu rapidamente e o recebeu com alegria".

Uma regra para recontar uma história no sermão de forma mais visual é: *mostre aquilo que está sendo dito*. Por exemplo, nessa passagem, o autor diz que Zaqueu desceu depressa da árvore e recebeu Jesus com alegria. Nosso desafio é mostrar Zaqueu descendo depressa da árvore, bem como sua alegria em receber Jesus. Para isso poderíamos reescrever o texto assim:

> Ao se aproximar daquela árvore, Jesus para e olha para cima mirando Zaqueu nos olhos. Após alguns segundos de silêncio congelante, tempo suficiente para todos os olhos da multidão verem Zaqueu no alto da árvore, Jesus diz: "Zaqueu! Desce rápido, porque hoje eu quero ficar em sua casa". Zaqueu imediatamente despenca da árvore, feito uma fruta madura, com um sorriso de orelha a orelha.

Você conseguiu ver Zaqueu descendo depressa da árvore e recebendo Jesus com alegria, como se fosse um filme passando em sua mente? Espero que sim. Somente quando escrevemos e reescrevemos o manuscrito do sermão escolhendo cuidadosamente as palavras que melhor evocam imagens conseguimos construir um texto para ser *visto* pelos ouvintes.

Procure estimular os cinco sentidos humanos

Todas as vezes que criamos imagens que estimulam os sentidos humanos, criamos um cenário bem concreto para o sermão. A seguir, mais alguns exemplos de trechos de sermões preparados em estilo narrativo e que se preocupam em construir um cenário bem concreto para os ouvintes enxergarem o que estão ouvindo:

Trecho de um sermão em João 13, de John Rottman:

Eles se assentaram à mesa, que agora está suja de migalhas de pães asmos e copos de vinho vazios da Páscoa. O cheiro de cordeiro assado ainda permanece na sala. Eles tinham visto e ouvido coisas tão assustadoras e misteriosas que Jesus acabara de dizer e fazer. "Este é o meu corpo, e este é o meu sangue...". E, depois da ceia, ele os deixou constrangidos ao colocar uma toalha em volta de si mesmo, ajoelhar-se diante de cada um e lhes lavar os pés. Apesar do constrangimento por ele estar agindo como servo, o toque de suas mãos amorosas aquecia o coração deles, e sua presença iluminava o ambiente. Jesus estava com eles, poderia o mundo estar mais perfeito? Mas, aparentemente, nem tudo está bem com o mundo à volta deles, e algumas coisas que Jesus diz agora depois do jantar deixa-os nervosos: "Alguém vai me trair".[9]

No trecho acima, destaco a descrição do cenário que o pregador apresenta em seu manuscrito. Expressões como "migalhas de pães", "copos vazios" e "cheiro de cordeiro" estimulam nossa mente e nos transportam para o cenário da narrativa de uma forma muito sensorial. E isso é um bom exemplo de manuscrito produzido para ser visto pelos ouvintes.

Trecho de um sermão em Êxodo 16:1-10, de Thiago Candonga

No dia seguinte, logo cedo, o povo se levanta e não acredita no que vê: o chão coberto de finas fatias de pão. As crianças saem em disparada para encher os bolsos com o que já não cabia dentro da boca. A alegria é imensa, e as mulheres pegam os seus cestos para recolher a quantidade necessária para sua família. "Podemos comer até passar mal", dizem as crianças com a boca cheia de pão. E essa alegria se torna ainda maior no início da tarde, quando um enorme grupo de codornizes invade o acampamento. "Está aberta a caça às codornas!", gritam os homens que arrematam várias delas com um único golpe de cajado. O povo se alimenta de pão e de carne à vontade, e Deus é gracioso, apesar da reclamação e da ingratidão do povo.[10]

---

[9]Sermão pregado por John Rottman, professor de Pregação no Calvin Theological Seminary.

[10]Sermão de prova pregado por Thiago Candonga, aluno do Seminário Presbiteriano do Sul.

Nesse exemplo, destaco a dinâmica da ação dos personagens da narrativa. O pregador mostra com clareza o que está acontecendo no texto bíblico ao descrever as crianças com a boca cheia de pão, as mulheres enchendo os cestos e os homens caçando as codornizes. O pregador ainda usa um recurso muito eficaz na construção de um texto narrativo e visual. Ele coloca palavras na boca de alguns personagens por meio de diálogos curtos, que dão vida à trama.

Talvez você esteja pensando: Mas o texto diz isso mesmo? Onde no texto bíblico lemos que as crianças estão com a boca cheia de pão? Não! O texto não diz isso explicitamente, mas o texto diz que todos se fartaram. É papel do pregador mostrar o povo se fartando de uma forma convincente e visual. Costumo dizer que devemos sempre seguir uma regra básica quando estamos explorando a criatividade para reescrever um texto bíblico para o nosso sermão: "Seja criativo, sem corromper o mundo do texto bíblico". Ou seja, desde que nosso manuscrito não crie narrativas falsas e improváveis, use sua imaginação para descrever e explicar o texto.

TERCEIRA ETAPA: A JORNADA ATÉ A ENTREGA DO SERMÃO

A essa altura em nosso roteiro da jornada da pregação, já teremos em mãos o esboço e o manuscrito completo do sermão. Entretanto, como certa vez ouvi de meu professor, o dr. John Rottman, "o sermão nunca está pronto, mas a hora de pregá-lo sempre chega". Ou seja, ficará sempre a sensação de que se tivéssemos mais tempo poderíamos melhorar o que já está bom. Essa percepção leva muitos pregadores a permanecer no percurso da composição do sermão até o momento da entrega e deixar de lado o preparo pessoal para a pregação.

É verdade: é sempre possível desenvolver e melhorar a mensagem. Mas entre o início da jornada até o encontro com nossos ouvintes precisamos também dedicar um tempo para nos preparar para a entrega do sermão. Isso envolve o preparo pessoal e o preparo da apresentação do sermão. Por isso, as próximas tarefas de nosso roteiro são dedicadas ao preparo pessoal do pregador, à apresentação do sermão e ao momento da entrega.

NONA PARADA: PREPARE A APRESENTAÇÃO DO SERMÃO

O manuscrito, já preparado nesse ponto, é uma boa ferramenta para a apresentação do sermão, principalmente se foi escrito em estilo narrativo e preparado para aguçar a imaginação dos ouvintes. Lembre-se: mais importante que projetar imagens em uma tela diante dos ouvintes é projetar imagens na mente deles e ajudá-los a percorrer a jornada da pregação sem se perderem pelo caminho. E, a partir de um bom manuscrito e de um esboço homilético bem detalhado, é possível preparar uma boa apresentação visual para servir de apoio durante a entrega do sermão.

Alguns pregadores e igrejas mais contemporâneas preparam cenários decorativos e lúdicos no púlpito e ao redor do pregador, com o objetivo de criar ambientes mais propícios à entrega da mensagem e assim proporcionar aos ouvintes uma experiência marcante durante a entrega do sermão. Isso depende muito da capacidade de investimento da igreja, e pode ser uma boa opção quando o pregador vai apresentar uma série de pregação com vários sermões e com a duração de algumas semanas. Para ter alguns exemplos, basta visitar na internet as páginas de algumas igrejas, e veremos como esse tipo de cenário é utilizado.

Artes gráficas para elaboração de convites eletrônicos, vinhetas, vídeos para uso nas mídias sociais e telas para as projeções do conteúdo do sermão também são recursos interessantes, que podem contribuir com a apresentação do sermão. E isso não custa caro. Basta um computador e um pouco de criatividade. Além do mais, em quase todas as igrejas encontramos jovens talentosos que sabem usar muito bem esses recursos e outras ferramentas tecnológicas e que podem nos ajudar com isso.

Mas nem sempre temos as pessoas e esses recursos à disposição para nos ajudar nessa área, e somos nós mesmos, os pregadores, que precisamos preparar algum tipo de apresentação visual para o momento da entrega do sermão. Pensando nisso, gostaria de oferecer aqui algumas dicas para o preparo de *slides* para a projeção durante a entrega do sermão. Reafirmo que isso é apenas um apoio ao sermão, pois o mais importante é o conteúdo da mensagem e o preparo do pregador na hora da pregação.

Ideias para o preparo de *slides*

Evite os exageros

Não sobrecarregue o sermão com muitos *slides*, nem os *slides* com muitas informações. Isso produzirá uma poluição visual que, em vez de contribuir com a compreensão da mensagem, poderá distrair os ouvintes.

Prefira o fundo branco nos slides

Isso facilita o contraste. Às vezes, fundos de outras cores até ficam bons no computador, mas quando projetados em paredes ou em telas dificultam a visualização.

Utilize as fontes comuns

Para os textos use fontes comuns como Arial, Verdana, Times New Roman ou Tahoma. Essas fontes são fáceis de visualizar e, no caso de você precisar trocar de computador na hora da pregação, não terá problemas, pois elas estão incluídas em todos os aplicativos de apresentação.

Evite muito texto e explicações nos slides

Os *slides* devem ser apenas um guia. Dê preferência a palavras-chave, frases curtas, citações ou textos bíblicos. Mas não sobrecarregue os *slides* com muito texto. Coloque as palavras em um tamanho de letra que facilite a leitura a certa distância.

Prefira o uso de imagens com fundo branco

Imagens com fundo branco dão um bom contraste nos *slides*. As imagens devem ilustrar o que está sendo dito. Uma imagem fora do contexto atrapalha mais do que ajuda. Lembre-se: é melhor criar imagens na mente dos ouvintes que simplesmente projetar imagens na parede.

Evite imagens de violência ou abuso

Algumas imagens são tão gráficas que causam impacto negativo os ouvintes, especialmente imagens com teor violento. Elas podem fazer os ouvintes se distraírem ou ficarem presos a elas durante toda a mensagem.

Essas são apenas algumas diretrizes para ajudar os pregadores no preparo de slides. O bom senso deve nortear as escolhas que fazemos e devemos sempre nos perguntar se essas imagens ajudam ou atrapalham.

A seguir, apresento um exemplo de bom uso de *slides* durante a entrega de um sermão preparado por um de meus alunos e agora pastor, o reverendo Jean Francesco A. L. Gomes.[11] O sermão é baseado em Ezequiel 37:1-14, a passagem dos ossos secos, e segue um estilo narrativo. Após uma introdução, o autor passa a desenvolver o problema no texto bíblico, recontando o contexto da narrativa:

---

[11] O reverendo Jean Francesco A. L. Gomes foi meu aluno no Seminário Presbiteriano do Sul. Depois de formado, foi também professor-assistente em minhas aulas de Homilética e Prática de Pregação no mesmo seminário e no Seminário Teológico Servo de Cristo, em São Paulo. Atualmente está cursando doutorado no Calvin Theological Seminary, nos Estados Unidos.

> No texto que lemos, fica nítido para todos nós que a situação do povo de Deus era pior que um filme de terror. Deus não encontrou outra forma para mostrar ao profeta Ezequiel o estado de horror da vida de seu povo: Deus decidiu levar Ezequiel a um cemitério. Deus faz Ezequiel encenar um filme de terror. Deus, pelo seu Espírito, segura a mão de Ezequiel e o leva até um vale — na verdade, um cemitério de ossos secos. Deus faz Ezequiel rodear o vale todo. Ele pisa nos ossos e chega a uma conclusão: "Deus, esses ossos estão secos demais! Isso aqui é uma pilha de ossos velhos, secos e sem vida, não há vida neste lugar!" Ao olhar para o chão, ele vê crânios abertos, pedaços de fêmures, escápulas, clavículas, fíbulas, costelas quebradas ao meio, uma verdadeira e tenebrosa aula de anatomia.

Mais à frente no sermão, mas ainda nesse mesmo movimento de exposição do problema, e após trabalhar bem o contexto histórico, o autor declara diretamente o problema no texto bíblico:

ISRAEL É UM **CADÁVER** QUE FOI ENTERRADO NA **BABILÔNIA**

> E o que é o vale de ossos secos? Deus diz que esse vale é o lugar onde eles moram, ou melhor, o lugar onde eles foram "enterrados",

> pois foram levados como escravos para a Babilônia. Deus quer mostrar para Ezequiel que Israel é um cadáver que foi enterrado no cemitério repugnante da Babilônia. Eles estão sepultados ali. Experimentando o sabor da morte, sem esperança nenhuma de futuro, como se fossem ossos totalmente secos. Sem culto, sem adoração, sem vitalidade espiritual. A espiritualidade de Israel está fossilizada.

Em seguida, o pregador passa a aplicar o problema no contexto dos ouvintes:

UM CEMITÉRIO DE PESSOAS EM QUALQUER AVENIDA

> Esse filme de terror continua sendo vivido por milhares de pessoas hoje. *O nosso mundo é um verdadeiro cemitério superlotado de pessoas mortas e vazias*. O mundo atual continua sobrevivendo do veneno dos quatro ídolos que envenenaram o povo de Deus: o sonho por prosperidade financeira, realização sexual, segurança de futuro por meio do esoterismo e sessões espiritualistas de cura interior. O mundo está correndo atrás desses deuses falsos...

Após o movimento de aplicação do problema o autor volta para o texto bíblico para explorar a graça e apresentar a ideia central da mensagem, ou seja, o tema do sermão:

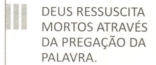

DEUS RESSUSCITA MORTOS ATRAVÉS DA PREGAÇÃO DA PALAVRA.

Deus surpreende as expectativas do profeta; ele ordena: "Homem profetize para esses ossos. Diga a eles: 'Ossos secos, ouçam a voz do Senhor!' Colocarei tendões e músculos em vocês, carne em seus ossos, farei pele para cobri-los. Colocarei um Espírito em vocês, e viverão! Vocês saberão que eu sou o Senhor!". Então Ezequiel profetiza e em segundos começa a ouvir ruídos. Osso batendo em osso, perna com tornozelo, dedos com os pés, mãos com os dedos, crânio com o pescoço, costelas se refazendo, clavículas, tíbias, ulnas, rádios, falanges, fêmures, todos os ossos se juntam formando uma multidão de esqueletos...

Esses são apenas alguns *slides* dessa mensagem, para que o leitor possa ter uma ideia da aplicação das diretrizes sugeridas acima. Perceba que os *slides* não são carregados de textos e de imagens. Eles apenas direcionam os ouvintes no desenvolvimento do sermão. E apenas as ideias mais importantes são reforçadas nos *slides*, as que estão mais evidentes no esboço homilético do sermão e apontam para as verdades bíblicas e teológicas definidas ao longo da nossa jornada.

DÉCIMA PARADA: PREPARE-SE PARA PREGAR COM CONVICÇÃO

O mais importante nessa tarefa é o pregador assimilar bem o conteúdo, a ponto de se tornar um especialista naquilo que apresentará. Para isso, é fundamental que antes da pregação o pregador leia, releia e estude seu manuscrito até ficar completamente familiarizado com a mensagem ou até o ponto em que durante a entrega do sermão as palavras lhe saltem da boca assim que ele ponha os olhos no início de cada parágrafo. É fundamental que a mensagem fale primeiramente ao coração do pregador, que ele ouça a voz de Deus falando consigo mesmo antes de transmitir a Palavra para a congregação.

Para essa familiarização com o conteúdo, não existe uma fórmula única, que sirva igualmente para todos os pregadores. É necessário que cada pregador identifique uma forma de preparo pessoal a que melhor se adapte, para que esteja pronto na hora da entrega do sermão. Alguns ensaiam a pregação no próprio local onde o sermão será pregado. Outros preferem ensaiar diante do espelho. Outros ainda gravam o sermão e depois escutam a mensagem para detectar as partes que precisam de ajustes.

Um bom recurso para uma pregação segura é ter o próprio manuscrito em mãos. Podemos fazer marcações especiais no manuscrito que nos ajudem a dar a ênfase certa nos momentos certos. Por exemplo, cores diferentes no texto para partes que serão lidas e partes que não devem ser lidas; letras maiores e em negrito para frases de efeito e que devem ser repetidas; marcações de pausas dramáticas ou de partes que devem ser pregadas de maneira mais veemente; marcadores para mudanças de *slides* etc. O manuscrito pode ser levado em mãos para o púlpito ou estar em formato virtual, visualizado em um computador ou em um monitor à sua frente. O importante é o pregador se sentir o mais à vontade possível na utilização desse recurso.

Outra sugestão para facilitar o preparo e a familiarização do pregador com a mensagem é dividir as tarefas do preparo do sermão ao longo de alguns dias durante a semana, principalmente se a entrega do sermão será feita no domingo. O pregador pode dedicar um dia para trabalhar o percurso no texto, outro dia para o percurso pela composição do sermão e outro para o percurso pelo preparo pessoal e preparo da apresentação da mensagem. Assim, antes da entrega, o pregador poderá ler e reler o sermão a fim de se familiarizar completamente com o conteúdo, até que a mensagem flua facilmente de sua boca.

Sei que muitos pregadores preferem dedicar um período único para todo o preparo do sermão. Outros não têm tanto tempo disponível durante a semana. Mas quando preparamos o sermão ao longo de alguns dias, o sermão vai se desenvolvendo e amadurecendo em nossa mente e em nosso coração. Dessa forma, as ideias vão ficando mais claras à medida que, ao longo dos dias, exercemos nosso ministério, visitamos pessoas, ouvimos as ovelhas e carregamos o sermão conosco onde quer que estejamos. Assim, as possíveis aplicações também vão ficando mais robustas em nossa mente, as ilustrações vão surgindo, mudanças necessárias podem ser feitas e chegaremos ao final da jornada bem mais preparados.

Enfim, seja qual for o método escolhido, o fundamental é que o pregador tenha tempo para o preparo pessoal antes da entrega do sermão. O mais importante é que, no momento da entrega do sermão, pregador e mensagem se tornem uma coisa só. É fundamental que o pregador, além de demonstrar domínio de seu conteúdo e boa fluência na comunicação, demonstre também que acredita no que está pregando e que isso o entusiasma.

É claro que cada pregador tem um estilo próprio de pregação. Alguns são mais extrovertidos, e outros, mais introvertidos. Mas, independentemente de seu estilo e da linguagem corporal utilizada, pregue com paixão, demonstre que você acredita no que está oferecendo aos seus ouvintes e deixe claro que você está falando daquilo que ouviu do próprio Deus durante seu tempo de estudo e preparo.

Alguns dos pregadores que costumam ler o manuscrito têm a tendência de acelerar o ritmo da fala. Por outro lado, os que se desprendem totalmente do manuscrito tendem a fugir do assunto e se alongar mais que o previsto. Cada pregador deve descobrir a melhor maneira de pregar. Lendo ou não, é importante que a mensagem flua naturalmente e que o ouvinte tenha condições de absorver a mensagem com facilidade.

Pense no momento da pregação como o trabalho de um jardineiro na hora de regar o jardim. Se o jardineiro usar um esguicho, certamente jogará muita água e com muita pressão. Consequentemente, a terra não terá tempo de absorver a água, poças de água irão se formar e o jardim ficará encharcado. Mas se o jardineiro resolver usar um borrifador de água, provavelmente levará o dia todo para regar todo o jardim e a pouca água que cairá no solo evaporará antes mesmo de ser absorvida. O ideal é usar um regador — aquele baldezinho com um bico e uma espécie de chuveirinho na ponta. Dessa forma, a quantidade e a intensidade serão ideais para que a terra absorva a água. O sermão é o momento de regar o jardim de Deus, que é a sua igreja, na medida e na quantidade certas.

CONCLUSÃO DA JORNADA DA PREGAÇÃO

Com a aplicação de todas as dez paradas sugeridas ao longo dos percursos pelo texto, pela composição do sermão e pela entrega da mensagem, completamos a jornada da pregação. O texto foi estudado, o sermão foi preparado e a mensagem foi entregue aos ouvintes. Entretanto, devemos procurar maximizar todos os esforços até então empregados.

O professor Greidanus costumava dizer em suas aulas: "Para vinte minutos de uma boa pregação, vinte horas de estudo e preparo". Claro que o contexto dele era bem diferente do nosso. Muitos dos pregadores que pregam duas vezes por semana não têm quarenta horas disponíveis para preparar sermões. Mas o ponto que deve ser ressaltado aqui é que para um bom sermão ser preparado e bem pregado, precisamos dedicar tempo suficiente ao estudo, composição do sermão e preparo pessoal para a entrega. E isso toma tempo. Assim, entendo que devemos procurar extrair e aproveitar o máximo do trabalho executado durante toda a jornada da pregação.

Uma forma de fazer isso é usar todo o material produzido durante a jornada da pregação, que tomou um bom tempo de nossa agenda semanal, para a partir daí produzir outros meios de edificação da igreja, como: o artigo do boletim dominical; o estudo bíblico que será trabalhado durante a semana na igreja ou nos lares; a aula de escola dominical adaptada às diversas idades e grupos; o programa de rádio da igreja transmitido durante a semana; o uso da mensagem nas redes sociais pela publicação de vídeos ou em *podcast*.

Dessa forma, a mensagem continuará realizando os propósitos de Deus na vida dos ouvintes, já que eles continuarão absorvendo a Palavra de Deus ao longo dos dias subsequentes. Afinal, empenhamos muito trabalho e dedicação no preparo de um sermão para ser usado apenas uma vez durante um culto, você não acha?

Além do mais, nos dias de hoje, em que somos bombardeados por tantas informações de todos os lados, devemos entender que é melhor explorar ao máximo uma boa mensagem ao longo dos dias subsequentes da pregação, ou até mesmo anteriores, que saturar a congregação com muitas informações na mesma semana.

4

APLICANDO AS TAREFAS DO ROTEIRO DA JORNADA DA PREGAÇÃO

Desse ponto em diante, apresento de forma sucinta um exemplo da aplicação das tarefas do nosso roteiro da jornada da pregação. Como já disse, sugiro aos pregadores que dividam o trabalho em três dias ou períodos: um dia para as tarefas relacionadas como estudo e interpretação do texto; outro dia para as tarefas relacionadas com a composição do sermão; mais um dia para o preparo pessoal e da apresentação do sermão.

PRIMEIRA PARADA: ESCOLHA E DELIMITE O TEXTO

O exemplo a seguir é baseado em uma narrativa do Antigo Testamento. O texto selecionado e delimitado é Êxodo 17:1-7. Como todas as narrativas, essa está inserida na sequência de episódios em um contexto maior. Em muitos casos, um episódio dá origem a outro, mas é fundamental delimitar corretamente o episódio da narrativa que iremos pregar. Como já vimos, para delimitar corretamente uma narrativa precisamos estar atentos à mudança de cenário, localização, personagens e eventos.

No caso dessa narrativa, a tarefa é bem simples, mas se persistir alguma dúvida basta consultar as ferramentas exegéticas à disposição. Uma boa Bíblia de estudos apresentará um sumário do livro. Introduções e comentários também. Dessa forma, segue o texto delimitado:

> [1]Toda a comunidade de Israel partiu do deserto de Sim, andando de um lugar para outro, conforme a ordem do Senhor. Acamparam em Refidim, mas lá não havia água para beber.
>
> [2]Por essa razão queixaram-se a Moisés e exigiram: "Dê-nos água para beber". Ele respondeu: "Por que se queixam a mim? Por que põem o Senhor à prova?"
>
> [3]Mas o povo estava sedento e reclamou a Moisés: "Por que você nos tirou do Egito? Foi para matar de sede a nós, aos nossos filhos e aos nossos rebanhos?"
>
> [4]Então Moisés clamou ao Senhor: "Que farei com este povo? Estão a ponto de apedrejar-me!"
>
> [5]Respondeu-lhe o Senhor: "Passe à frente do povo. Leve com você algumas das autoridades de Israel, tenha na mão a vara com a qual você feriu o Nilo e vá adiante.
>
> [6]Eu estarei à sua espera no alto da rocha do monte Horebe. Bata na rocha, e dela sairá água para o povo beber". Assim fez Moisés, à vista das autoridades de Israel.
>
> [7]E chamou aquele lugar Massá e Meribá, porque ali os israelitas reclamaram e puseram o Senhor à prova, dizendo: "O Senhor está entre nós, ou não?"

SEGUNDA PARADA: ESTUDE O TEXTO E SEUS CONTEXTOS

Ao estudar os contextos histórico, cultural e literário com a ajuda dos recursos exegéticos, depararemos com algumas descobertas importantes, que por certo ajudarão na interpretação do texto.

SOBRE OS PERSONAGENS DA HISTÓRIA

Israel é o povo de Deus e segue para a Terra Prometida após o grande livramento de Deus no Egito. A população que marcha pelo deserto é formada aproximadamente por dois milhões de pessoas, entre homens, mulheres, crianças e estrangeiros, e está novamente montando o acampamento após muitos dias de caminhada pelo deserto e vários episódios marcantes. Além da grande quantidade de pessoas, Israel também leva consigo seus animais e rebanhos.

Moisés é o líder escolhido por Deus para conduzir o povo durante a jornada rumo à terra prometida, e sobre ele pesa a responsabilidade de ser a voz de Deus a uma nação. Por vezes, Moisés se sentiu sobrecarregado com o fardo de conduzir o povo.

SOBRE OS LUGARES

Nessa narrativa, encontramos o deserto de Sim, de onde eles estão vindo; Refidim, onde estão acampando; Horebe, lugar em que Moisés se encontra com Deus. Todos são lugares desérticos próximos ao Sinai. Refidim é a décima parada do povo desde o êxodo do Egito e o início da jornada rumo à Terra Prometida. E Horebe, onde Moisés bate com seu cajado na rocha, fica a 25 quilômetros de distância de Refidim, onde o povo está acampado.

SOBRE O CONTEXTO DA CRISE E RECLAMAÇÃO DO POVO

A narrativa apresenta uma crise entre o povo sedento e Moisés e, em última instância, entre o povo e Deus. Mas não é a primeira crise nesse relacionamento conturbado. A primeira crise entre o povo, Moisés e Deus acontece em Êxodo 14, antes da travessia do mar Vermelho, durante a terceira parada para acampamento. A segunda crise acontece em Êxodo 15, durante a quinta parada, junto às águas amargas de Elim. Ali o povo começou a reclamar a Moisés, dizendo: "Que beberemos?". A terceira crise acontece em Êxodo 16, quando Israel chega ao deserto de Sim para a sétima parada. Após um mês andando pelos desertos desde a saída do Egito, a comunidade de Israel murmura novamente contra Deus. A quarta crise ocorre em Refidim, muito mais séria que as anteriores, pois no texto encontramos parte do povo com pedras nas mãos para apedrejar Moisés e com isso destituí-lo da posição de líder do povo. Em última instância, ao rejeitar Moisés o povo está rejeitando também a Deus.

Essas são apenas algumas informações que podemos colher na tarefa de estudo dos contextos. Quanto mais lermos e pesquisarmos, mais informações colheremos e melhor será nossa capacidade de bem interpretar o texto.

TERCEIRA PARADA: ESBOCE A ESTRUTURA DO TEXTO

Por se tratar de uma narrativa, para identificar a estrutura do texto, devemos observar o enredo. Para isso, podemos usar a estrutura de enredo narrativo já apresentada anteriormente no capítulo 3 (p. 96). Dessa forma, a estrutura do texto ficaria assim:

AMBIENTE/CENÁRIO:

O deserto de Sim (v. 1a).

A AÇÃO COMEÇA:

Toda a comunidade de Israel parte do deserto de Sim, andando de um lugar para outro, conforme a ordem do Senhor (v. 1a).

ACONTECIMENTO ESPORÁDICO:

Israel acampa em Refidim, mas não há água para beber (v. 1b).

CONFLITO GERADO:

O povo queixa-se a Moisés e exige: "Dê-nos água para beber" (v. 2a).

CONFLITO MAIS INTENSO:

Moisés responde: "Por que se queixam a mim? Por que põem o Senhor à prova?" (v. 2b,3).

CLÍMAX:

Prestes a ser apedrejado, Moisés clama a Deus: "Que farei com este povo? Estão a ponto de apedrejar-me!" (v. 4).

CONFLITO COMEÇA A REVERTER:

Deus responde a Moisés (v. 5-6b).

CONFLITO RESOLVIDO:

Deus mata a sede do povo e prova sua fidelidade (v. 6c).

CONCLUSÃO:

Refidim muda de nome para Massá e Meribá, porque ali os israelitas reclamaram e puseram o Senhor à prova, dizendo: "O Senhor está entre nós, ou não?" (v. 7).

Se utilizarmos o gráfico da estrutura de narrativas apresentado anteriormente, poderemos visualizar com mais clareza o desenvolvimento do enredo e perceber melhor os fatos principais da narrativa. Os enunciados para cada episódio do enredo devem ser elaborados pelo pregador com base em sua percepção da narrativa e dos contextos. Isso é fruto também de sua interação com o texto e com o estudo da passagem.

O texto de Êxodo 17:1-7 encaixado no gráfico de narrativas ficaria assim:

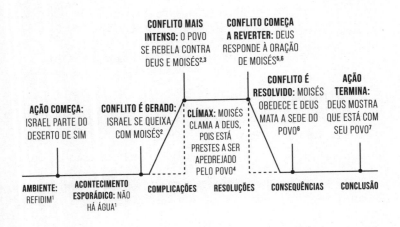

Com esse quadro à vista, percebemos o desenvolvimento de um conflito que começa com uma murmuração e culmina em uma rebelião: "Que farei com este povo? Estão a ponto de apedrejar-me!" (v. 4). E podemos perceber o desenvolvimento da resolução do conflito. A ação começa a reverter no momento em que Deus se torna protagonista da narrativa, ao responder a oração de Moisés.

Olhando o texto com essa perspectiva, na próxima tarefa poderemos identificar com mais facilidade as verdades bíblicas e teológicas do problema, da graça e da missão no texto.

QUARTA E QUINTA PARADAS: IDENTIFIQUE O PROBLEMA, A GRAÇA E A MISSÃO NO TEXTO E NO SERMÃO

Para deixar esse exercício mais prático e didático, vou combinar as tarefas das paradas 4 e 5. Assim, uma vez que temos bem definidos os contextos histórico, cultural e literário da passagem, bem como a dinâmica do texto revelada no esboço de sua estrutura, podemos interpretar as verdades bíblicas e teológicas do problema, da graça e da missão e, em seguida, identificar as aplicações correspondentes.

Esse exercício é uma mescla de capacidade interpretativa, conhecimento do texto e criatividade. Claro, sem esquecer a ação do Espírito Santo trabalhando na vida do pregador. Nosso objetivo é sintetizar as verdades bíblicas e teológicas em frases-foco que expressem a essência da nossa interpretação e a pretendida aplicação.

A seguir, um exemplo de possível interpretação e aplicação das verdades bíblicas e teológicas baseadas em Êxodo 17:1-7:

	O PROBLEMA, A GRAÇA E A MISSÃO NO TEXTO: *INTERPRETAÇÃO*	O PROBLEMA, A GRAÇA E A MISSÃO NO SERMÃO: *APLICAÇÃO*
Problema	Israel põe Deus à prova.	A igreja põe Deus à prova.
Graça	Deus prova seu cuidado para com Israel.	Deus prova seu cuidado para com a igreja.
Missão	Fortalecer a confiança de Israel no cuidado de Deus.	Fortalecer a confiança da igreja no cuidado de Deus.

SEXTA PARADA: ELABORE O ESBOÇO HOMILÉTICO DO SERMÃO

Para elaborar o esboço homilético do sermão, podemos fazer uma opção entre um formato clássico ou dedutivo e um contemporâneo ou indutivo. Como o texto bíblico é uma narrativa, o formato narrativo é mais apropriado. Entretanto, o pregador que ainda não se sente seguro em utilizar um estilo mais narrativo poderá fazer uso da estrutura clássica, caso se sinta mais à vontade com ela. O mais importante é que o esboço homilético sirva ao propósito de organizar e transmitir adequadamente as verdades bíblicas e teológicas relativas a *problema*, *graça* e *missão* e suas respectivas aplicações. Use enunciados claros e precisos para marcar as principais partes ou movimentos do esboço.

ESBOÇO HOMILÉTICO CLÁSSICO

INTRODUÇÃO:
Uma ilustração para apontar para o problema da falta de confiança em Deus.

EXPLICAÇÃO DO TEXTO:
- Acampamento em Refidim e a falta de água.
- Histórico de conflitos e murmuração contra Deus.
- As ameaças a Moisés.
- Deus é posto à prova.

TEMA:
Deus prova seu cuidado para com seu povo.

ARGUMENTAÇÃO:
1. Deus ouve o clamor de seu servo Moisés.
2. Deus mata a sede de seu povo.

3. Deus continua matando a sede de seu povo por meio de Jesus, a água da vida.

CONCLUSÃO:

Convite para engajamento na missão — confiar no cuidado permanente de Deus por nós.

ESBOÇO HOMILÉTICO CONTEMPORÂNEO

INTRODUÇÃO:

Uma ilustração para apontar para o problema da falta de confiança em Deus.

PRIMEIRO MOVIMENTO:

Israel põe Deus à prova

(EXPOSIÇÃO BÍBLICA COM FOCO NA APRESENTAÇÃO DO PROBLEMA)

- Toda a comunidade de Israel em Refidim e sem água para beber (v. 1).
- Povo queixa-se a Moisés e exige: "Dê-nos água para beber". (v. 2).
- Os conflitos anteriores durante a jornada — contexto histórico anterior.
- Israel põe o Senhor à prova (v. 2-3).
- Israel ameaça Moisés (v. 4).

SEGUNDO MOVIMENTO:

Pomos Deus à prova

(APLICAÇÃO DO PROBLEMA AO CONTEXTO DOS OUVINTES)

- Ilustração do problema.
- Exemplos do problema na vida dos ouvintes.
- Aprofundar a aplicação do problema.
- Explorar a missão: atitudes corretivas relacionadas com a confiança no cuidado de Deus.

TERCEIRO MOVIMENTO:

Deus prova seu cuidado para com Israel

(EXPOSIÇÃO BÍBLICA COM FOCO NA GRAÇA DE DEUS)

- Deus responde a Moisés (v. 5-6b).
- Deus mata a sede do povo e prova sua fidelidade e cuidado (v. 6c).
- Refidim muda de nome para Massá e Meribá, porque ali os israelitas reclamaram e puseram o Senhor à prova, dizendo: "O Senhor está entre nós, ou não?" (v. 7).
- Jesus continua matando a sede do povo de Deus — movimento cristocêntrico.

QUARTO MOVIMENTO:

Deus prova seu cuidado para com seu povo

(APLICAÇÃO DA GRAÇA AO CONTEXTO DOS OUVINTES)

- Ilustração da graça.
- Aprofundamento da aplicação da graça.
- Jesus continua matando nossa sede e cuidando de nós

CONCLUSÃO:

Convite para engajamento na missão — confiar no cuidado de Deus por nós.

SÉTIMA E OITAVA PARADAS: SELECIONE AS ILUSTRAÇÕES E ESCREVA O MANUSCRITO COMPLETO DO SERMÃO

Para ganharmos tempo, apresento o manuscrito com as ilustrações já selecionadas, lembrando que as ilustrações devem cumprir a função de tornar mais concretas e palpáveis as verdades bíblicas a serem aplicadas no sermão. Vejamos, a seguir o manuscrito completo de um sermão baseado em Êxodo 17:1-7, de acordo com o esboço homilético contemporâneo (os *slides* utilizados neste sermão, bem como uma explicação acerca da montagem desses *slides* serão apresentados na próxima seção):

ÊXODO 17.1-7:
DEUS PROVA SEU CUIDADO PARA CONOSCO
(Slide 1)

INTRODUÇÃO

Ilustração: Uma das fases mais marcantes da minha vida foi o tempo em que servi o exército brasileiro. Ali vivi intensamente inúmeras aventuras e experimentei os limites da resistência física e psicológica. *(Slide 2)*

Certa vez, eu e minha companhia participávamos de uma simulação de ataque a um inimigo fictício. Após dois dias de marcha a pé, noites mal dormidas ao relento e carregando nas costas um equipamento pesado, nossos cantis estavam vazios. Com alguns quilômetros de caminhada ainda pela frente, não havia previsão de abastecimento antes do ataque final. Quando chegamos ao local da batalha simulada, estávamos bem desidratados e completamente desanimados. E, na hora do ataque final, muitos não conseguiram subir correndo o morro à nossa frente em direção ao inimigo imaginário. Vários colegas ficaram pelo caminho, exaustos e precisando de ajuda. E isso nos deixou muito revoltados, pois como poderíamos cumprir uma missão sem termos pelo menos água para beber? Quando os cantis ficam vazios a moral da tropa diminui, o desânimo se abate sobre todos e é difícil prosseguir.

PRIMEIRO MOVIMENTO: ISRAEL PÕE DEUS À PROVA

No texto que acabamos de ler para nossa meditação, os cantis dos israelitas estão vazios, e eles se encontram em um lugar deserto, sem água para beber. A moral do povo está baixa, o desânimo se abate sobre eles e uma revolta começa a surgir. Israel, então, põe Deus à prova. *(Slide 3)*

Mais de um mês havia se passado desde a triunfante travessia de Israel pelo mar Vermelho. Agora em Refidim, um lugar inóspito próximo ao Sinai, a multidão de mais de 2 milhões de pessoas entre homens, mulheres, crianças e estrangeiros está novamente montando o acampamento. Já é a décima parada desde o início da longa viagem rumo à Terra Prometida. Eles seguem as direções dadas por Deus por meio de Moisés. Entretanto, em Refidim, Israel depara com a falta de água para beber.

Enquanto Moisés e sua família ainda ajeitam as coisas em sua tenda e se preparam para um merecido descanso, um burburinho começa a aumentar do lado de fora. Cada vez mais forte, as vozes dos israelitas indicam uma crise entre o povo. Moisés sai de sua tenda e encontra uma multidão furiosa e revoltada, protestando em voz alta contra ele. "Dê-nos água para beber!", grita o povo. Eles sofrem com a sede após uma longa jornada no deserto. Os cantis dos israelitas estão vazios, as pessoas estão abatidas e uma revolta começa a surgir depois que alguns deles ameaçam Moisés e questionam a Deus.

Desde que deixaram a escravidão do Egito, não é a primeira vez que o povo se queixa com Moisés e reclama de Deus. Ao longo da jornada, ocorreram outros três episódios de crise entre o povo de Israel e a liderança de Moisés e, consequentemente, entre o povo e o próprio Senhor que os tirou do Egito. (*Slide 4*)

A primeira crise aconteceu antes mesmo da travessia do mar Vermelho, durante a terceira parada para acampamento. Encurralados entre o exército egípcio e o mar Vermelho, os israelitas protestam: "Foi por falta de túmulos no Egito que você nos trouxe para morrermos no deserto? O que você fez conosco, tirando-nos de lá? Já tínhamos dito a você no Egito: 'Deixe-nos em paz! Seremos escravos dos egípcios!' Antes ser escravos dos egípcios do que morrer no deserto!" (Êxodo 14.11-12).

A segunda crise acontece na quinta parada, junto às águas amargas de Elim. Ali o povo também se queixou com Moisés, dizendo: "Que beberemos?". A terceira foi quando Israel chegou ao deserto de Sim, na sétima parada. Após um mês andando pelos desertos desde a saída do Egito, a comunidade de Israel murmurou novamente: "Quem dera a mão do Senhor nos tivesse matado no Egito! Lá nos sentávamos ao redor das panelas de carne e comíamos pão à vontade, mas vocês nos trouxeram a este deserto para fazer morrer de fome toda esta multidão!" (Êxodo 16:3).

Em cada um desses episódios, Deus revelou seu cuidado e sua presença entre o seu povo. Ao abrir o mar, ele se revelou como o Deus que lutava por eles; ao tornar a água amarga de Elim em água potável, ele se revelou como o Deus que curava seu povo; e, ao mandar o maná e as codornizes, ele se manifestou como o Deus daquele povo.

Entretanto, a crise de agora em Refidim é muito mais séria que as anteriores. Israel põe Deus à prova. (*Slide 5*)

Ao sair de sua tenda, após ouvir o alvoroço da multidão, Moisés não depara com uma murmuração. Ele está diante de uma verdadeira rebelião. Vários israelitas exaltados exigem água segurando pedras nas mãos. Eles estão prontos para atirá-las em Moisés.

Moisés tenta argumentar. Ele diz ao povo: "Por que se queixam a mim? Por que põem o Senhor à prova?". Mas o povo grita mais alto e ferozmente: "Por que você nos tirou do Egito? Foi para matar de sede a nós, aos nossos filhos e aos nossos rebanhos?".

Moisés está prestes a ser apedrejado. O apedrejamento é a última instância na destituição de um líder. Israel estava disposto a destituir Moisés da liderança do povo e, consequentemente, destituir Deus da vida deles. Com os cantis vazios, pedras nas mãos e aos gritos, Israel põe Deus à prova.

SEGUNDO MOVIMENTO: NÓS TAMBÉM POMOS DEUS À PROVA
(*Slide 6*)

Para muitas pessoas, é bem difícil confiar em Deus. Basta o cantil esvaziar para Deus ser questionado e o seu cuidado e amor serem postos à prova.

Ilustração: Certa vez, o evangelista Monroe Parker estava viajando pelo sul do estado americano do Alabama, em um daqueles dias quentes e abafados de verão. Ele parou em uma vendinha de frutas de beira de estrada, pegou uma fatia de melancia e perguntou ao proprietário quanto custava.

— Um dólar e dez centavos a fatia — respondeu o homem.

Parker enfiou a mão no bolso, encontrou apenas uma nota e disse:

— Tudo o que tenho é um dólar.

— Tudo bem — disse o proprietário. — Vou acreditar em você.

— Bem, isso é muito legal da sua parte — Parker respondeu e, pegando a melancia, começou a sair.

— Ei, aonde você está indo? — perguntou, preocupado, o homem atrás do balcão.

— Vou sair para comer a minha melancia do lado de fora.

— Mas você se esqueceu de me dar o dólar!

— Você disse que confiaria em mim — respondeu Parker.

— Sim, mas eu quis dizer que confiaria em você quanto aos dez centavos!

— Você na verdade não confiou em mim. Ia apenas apostar dez centavos na minha integridade! — retrucou o evangelista.

Às vezes, é assim que confiamos em Deus também: apenas naquilo que não custa tanto para nós. Mas quando experimentamos privações extremas na vida, ou seja, quando nosso cantil está vazio, é mais difícil confiar que Deus está ao nosso lado e esperar pelo seu cuidado.

Esta é a natureza humana. Somos frágeis e inconstantes. É fácil dizer: "Deus está no comando", quando as coisas estão sob controle em nossa vida. Mas é nos momentos de crise e de dor que provamos quanto confiamos ou não no cuidado do Senhor. É nos vales escuros da vida que demonstramos se de fato confiamos ou desconfiamos dele. E, não poucas vezes, quando o desespero bate, questionamos a Deus e o pomos à prova.

E não pomos Deus à prova simplesmente com palavras. Pomos Deus à prova com nossas atitudes e posturas. Pomos Deus à prova quando nos afastamos dele. Pomos Deus à prova quando renunciamos à nossa fidelidade a ele. Pomos Deus à prova quando dentro de nosso coração trocamos a fé pela amargura. Pomos Deus à prova quando perdemos o temor e brincamos com o sagrado. Pomos Deus à prova quando vivemos como se Deus estivesse distante e alheio a tudo.

Quando o nosso cantil seca, quando os dias são áridos, quando atravessamos os vales sombrios da vida, a nossa fé é posta à prova. Mas, por vezes, somos nós que duvidamos de Deus.

TERCEIRO MOVIMENTO: DEUS PROVA SEU CUIDADO E AMOR PARA COM ISRAEL

Mas louvado seja Deus, pois ele é fiel às suas promessas e jamais abandona seu povo. Mesmo quando o povo tem um coração duro, revoltado e desconfiado, Deus não rejeita seu povo. Deus prova seu cuidado e amor para com Israel. (*Slide 7*)

Israel ainda não tinha uma noção completa de quem era o Deus que os havia tirado do Egito. Eles ainda não tinham entendido que foi Deus quem os escolheu, não eles que haviam escolhido a Deus. Eles ainda não sabiam que a misericórdia desse Deus é maior que a miséria e a dureza do coração deles.

Ao contrário do esperado e previsto por Israel, Deus não rejeita seu povo e derrama abundantemente suas bênçãos sobre a nação. Ele faz isso por causa de sua santidade e por amor de seu nome.

Enquanto os homens de confiança de Moisés tentam conter a rebelião do povo à frente da tenda do grande líder, este, desolado, volta rapidamente para dentro, ajoelha-se diante de Deus e diz: "Que farei com este povo? Estão a ponto de apedre-jar-me!".

Deus então se manifesta mais uma vez àquele povo. Não por causa da murmuração nem por se sentir ameaçado. Deus se manifesta ao povo por amor de seu nome e de sua santidade!

Deus responde a Moisés: "Passe à frente do povo. Leve com você algumas das autoridades de Israel, tenha na mão a vara com a qual você feriu o Nilo e vá adiante. Eu estarei à sua espera no alto da rocha do monte Horebe. Bata na rocha, e dela sairá água para o povo beber" (v. 5,6).

Moisés sai de sua tenda com o cajado na mão. Aquele mesmo com que havia ferido o Nilo e transformado suas águas em sangue. Moisés acabara de ouvir a voz de Deus e seu semblante não é mais de medo nem de preocupação! Moisés sabe o que tem de fazer! Ele sabe que pode confiar em Deus!

Ao ver a determinação de Moisés e o cajado em sua mão, o povo se cala e abre espaço. Alguma coisa vai acontecer. Eles não sabem ao certo o que será, mas alguma coisa vai acontecer. Eles conhecem aquele olhar de Moisés.

Moisés toma consigo apenas os anciãos e manda o povo esperar e confiar enquanto some pelo caminho empoeirado em direção ao norte. Ele se dirige a Horebe, que significa "lugar deserto", "lugar pedregoso". E ali ele encontra o Senhor sobre a rocha certa. Como combinado.

Moisés faz como o Senhor lhe ordenou, estende seu cajado e bate com força na rocha, que imediatamente começa a jorrar água em abundância.

Mas quanta água é necessária sair de uma rocha para matar a sede de mais de 2 milhões de pessoas?

Horebe ficava a 25 quilômetros de distância de Refidim! A água que Deus fez jorrar abundantemente da rocha em Horebe atravessa o deserto ganhando força à medida que escorre para o sul. As águas se transformam em um córrego e, quanto mais água jorrava da rocha, mais encorpado ficava esse veio d'água até encontrar a comunidade de Israel em Refidim!

Quando a comunidade de Israel já se cansava de esperar pelo retorno de Moisés e dos anciãos, ela é surpreendida com a chegada das águas que cortam com força todo o acampamento de Israel. Deus não dá apenas um poço para o povo: dá um rio inteiro! Um rio de água viva que jorrava da rocha com água para toda a gente, todo o gado e toda a terra.

Deus dá água em abundância! Porque é assim que Deus manifesta sua presença e sua graça a seu povo. Deus é abundante em graça! Deus é abundante em misericórdia! Deus não rejeita esse povo miserável que merecia ter morrido seco no deserto.

Movimento missional: Mas Deus não rejeita o povo que escolheu e o abençoa abundantemente. Pois Deus tem um plano maior por meio desse povo! Um plano abundante também, assim como eram abundantes as águas que jorravam da pedra e agora matavam a sede dos israelitas e enchiam seus cantis vazios.

Daquele povo, viria o Messias prometido. O Cristo! Aquele que é a verdadeira fonte de água viva! Que mata a sede de quem beber de sua água! Que enche o cantil do sedento. Que faz fluir um rio de água viva do interior dos que creem em seu nome. Cristo é a rocha, a pedra fundamental da igreja! Jesus Cristo é o Deus conosco. Ele é o rio de água viva que flui do trono de Deus! Ele é quem dá a vida!

Diante da dúvida do povo, se Deus estava com eles ou não, Deus se faz presente de forma abundante. Por isso, ele chamou aquele lugar Massá e Meribá, porque ali os israelitas reclamaram e puseram o Senhor à prova, dizendo: 'O Senhor está entre nós, ou não?'" (v. 7).

Deus certamente estava entre aquele povo, apesar da murmuração. Deus estava com o povo que escolheu, apesar da dureza do coração deles e da dificuldade que tinham em confiar no Senhor. Deus prova seu cuidado e amor para com Israel.

QUARTO MOVIMENTO: DEUS PROVA SEU CUIDADO E AMOR PARA CONOSCO

Assim como Deus também prova seu amor e cuidado por nós. (*Slide 8*)

Deus está presente aqui conosco neste momento, apesar de nós, apesar de nossas dúvidas, apesar de nossa prepotência, apesar de nossa fé pequena. Assim como Deus matou a sede de Israel, ele continua matando a nossa sede também!

Ilustração: Há algum tempo resolvi começar a enviar por WhatsApp algumas mensagens curtas baseadas nos sermões de domingo. Eu tenho um banco de dados com mais de duzentas pessoas que já passaram pelos estudos em minha igreja ou tiveram algum tipo de contato comigo. Muitas delas apenas visitaram uma vez a igreja e nunca mais voltaram. Mas continuam recebendo as mensagens. Alguns não dizem nada, mas outros por vezes respondem.

Um dia desses, recebi uma mensagem que tocou meu coração. Era de uma senhora que recebeu a mensagem e resolveu responder diretamente a mim. Ela disse:

Recebi sua mensagem hoje. Realmente Deus fala com a gente de várias maneiras e hoje eu tive a graça de receber essa mensagem. Pela situação que estou passando, tenho orado muito para eu conseguir tirar esse sentimento de traição do meu coração. Deus, por meio desta mensagem, me ajudou a compreender a necessidade de remover esse sentimento o mais rápido possível do coração. Meu coração estava seco, mas agora parece bater vivo novamente. Obrigada.

Aquela senhora estava sedenta, com seu cantil vazio, com o coração experimentando uma erosão por causa das dores que havia sofrido. Mas Deus falou ao coração dela e matou sua sede. Como ele fala conosco e mata a nossa sede também. A despeito da incredulidade de alguns, Jesus Cristo continua a fazer jorrar rios de água viva no coração de muita gente. E ele continua se manifestando abundantemente na vida de seu povo. Jesus é a fonte de água viva! *(Slide 9)*

CONCLUSÃO

Ao longo de nossa jornada por essa vida rumo ao lar celestial, enfrentaremos os vales áridos e sombrios. A jornada é marcada por dias bons e dias maus. Mas o Senhor nosso Deus caminha conosco por todo o caminho. Ele cuida de nós. Ele nos sustenta em suas mãos. Ele derrama abundantemente sua graça até que possamos desfrutar a vida plena que ele tem guardada para nós. Jesus é a fonte de água viva que mata nossa sede.

Eu sei, às vezes o fardo é pesado. Às vezes, parece que Deus não está por perto e não se importa. Mas Deus se importa a tal ponto de ter encarnado para viver a nossa vida e morrer a nossa morte. Deus se importa a ponto de experimentar sobre os ombros toda as nossas dores e angústias. Deus se importa a ponto de tomar sobre si o castigo de nossos pecados para cravá-los na cruz do Calvário e oferecer o perdão a todos os que se aproximam para beber da água da vida.

Jesus é a água da vida que sacia a nossa sede e que nos guarda durante toda a jornada. Por isso, podemos confiar que, mesmo que os dias sejam áridos, o Senhor é por nós.

Beba dessa água que Cristo oferece. Quando os dias forem maus e você estiver atravessando os vales áridos da vida, não desanime.

> Deus está contigo e ele vai matar sua sede. Deus é fiel e cuida de nós.

NONA E DÉCIMA PARADAS: PREPARE A APRESENTAÇÃO DO SERMÃO E PREPARE-SE PARA PREGAR COM CONVICÇÃO

Uma vez que o manuscrito está completo, podemos preparar uma apresentação visual para o sermão. É muito bom se nessa hora pudermos contar com a ajuda de alguém que domine bem a arte de preparar apresentações visuais, porém na maioria das vezes é o próprio pregador que terá de fazer esse trabalho. Para isso, podemos seguir as orientações e dicas já apresentadas neste livro.

A seguir, apresento os *slides* simples que preparei para o sermão em Êxodo 17:1-7. No manuscrito acima, aparece indicado o momento da troca de cada *slide*.

SLIDE 1

Como se trata de um sermão indutivo, não incluí o tema da mensagem no primeiro *slide*. O tema aparecerá nos *slides* 7 e 8.

SLIDE 2

Quando o cantil está vazio...

Esse *slide* é apresentado durante a ilustração da introdução do sermão. A imagem do cantil vazio será recorrente no sermão e na apresentação. Ela funciona como uma imagem dominante que carrega consigo todo o significado do problema, que será explorado no sermão. Uma imagem dominante serve para dar unidade e manter os ouvintes focados no sermão.

SLIDE 3

ISRAEL PÕE DEUS À PROVA

APLICANDO AS TAREFAS DO ROTEIRO DA JORNADA DA PREGAÇÃO

Esse *slide* ajuda os ouvintes a visualizar o cenário onde a narrativa bíblica se desenrola, pois apresenta a imagem de um lugar deserto e castigado pelo sol e situa os ouvintes na narrativa.

SLIDE 4

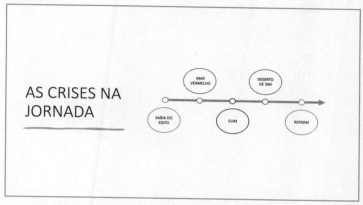

Nesse *slide*, os ouvintes têm uma visão cronológica das crises da jornada. A linha do tempo apontando para frente transmite a ideia de que se trata de uma jornada contínua.

SLIDE 5

Esse *slide* ajuda na apresentação do problema no texto bíblico. Ele explora a imagem dominante do cantil vazio e todo o seu significado.

SLIDE 6

Diante da crise, nós pomos Deus à prova!

Esse é o *slide* para o momento da aplicação do problema. É praticamente igual ao *slide* anterior, mas com a mudança da frase-foco que agora aponta para o contexto dos ouvintes.

SLIDE 7

Deus prova seu cuidado e amor para com Israel!

Nesse *slide*, o tema da mensagem é apresentado pela primeira vez. Ele surge como uma resposta ao problema no mundo bíblico, ou seja, uma intervenção graciosa de Deus. A imagem do cantil vazio é substituída pela imagem da água abundante.

SLIDE 8

Esse é o *slide* para o momento da aplicação da graça. É praticamente igual ao anterior, mas com a mudança da frase-foco que agora aponta para o contexto dos ouvintes.

SLIDE 9

O último *slide* destina-se ao momento em que o sermão explora o movimento cristocêntrico, o que torna o sermão missional.

Com o manuscrito em mãos e a apresentação pronta, é o momento de o pregador preparar-se para o esperado encontro com os ouvintes e a entrega do sermão. A familiarização com o conteúdo da mensagem, com a apresentação e com o ambiente onde o sermão será pregado deve fazer parte da agenda do pregador. A forma de comunicarmos é tão importante quanto aquilo que comunicamos.

CONCLUSÃO

Ao longo dos capítulos deste livro, procurei compartilhar com os leitores um pouco da minha experiência de quase três décadas percorrendo a fantástica jornada da pregação, tanto como pastor e pregador em uma igreja local quanto como professor de pregação, com meus alunos no contexto acadêmico. Nesse período, deparei com vários tipos de pregadores. Uns mais ousados e outros mais tímidos; uns engraçados e outros mais sérios; uns com uma bagagem intelectual privilegiada e outros nem tanto. Mas apesar de toda essa diversidade, tenho visto Deus, em sua infinita sabedoria, usar todos eles, respeitando as características de cada um e falando ao coração daqueles que o próprio Deus quer alcançar. Pois, a característica mais importante para um pregador é a autenticidade e a disposição de servir o ministério da Palavra.

Por isso, não importa seu nível de conhecimento acadêmico ou suas características de personalidade, se é mais tímido ou extrovertido. O que realmente importa é sua disposição de dedicar tempo de qualidade para estudar o texto bíblico com os recursos que tiver disponíveis, o desejo de servir a Palavra de Deus e a convicção de que o Espírito Santo usará a sua vida para abençoar a igreja.

Aliás, essa é a convicção que sempre moveu e continua movendo meu coração a continuar trilhando a jornada da pregação da Palavra de Deus: a convicção de que a pregação é o meio pelo qual Deus continua falando de maneira direta com o ser humano. E, como o apóstolo Paulo diz no primeiro capítulo de sua primeira carta aos Coríntios, é por meio dessa loucura chamada pregação que Deus decidiu salvar aqueles que creem. Por isso, sigo pregando e me esforçando para colaborar com aqueles que também se sentem chamados para o ministério da Palavra.

Mas, como em todas as jornadas da vida, antes de colocar o pé na estrada precisamos saber o destino a que buscamos chegar e os melhores caminhos que podem nos levar em segurança até ele. Por isso, escrevi este livro. Para ajudar os pregadores e pregadoras nessa jornada.

Na primeira parte do livro, dediquei um bom tempo desenvolvendo uma teologia da pregação, estabelecendo princípios teológicos para prosseguirmos na jornada em segurança e sem nos perder pelo caminho. Sem convicção teológica, não chegaremos a lugar nenhum.

Uma vez alicerçados em uma boa teologia da pregação, procurei indicar um caminho a ser percorrido, repleto de trajetos e tarefas práticas que permitem ao pregador mover-se de forma segura por esse percurso, que vai da escolha do texto bíblico até a entrega de sermões bíblicos, expositivos e missionais. Assumi aqui o papel de um guia de viagem, que segue na estrada com os viajantes indicando os caminhos que conheço, sugerindo paradas estratégicas, ensinando a aplicar algumas tarefas específicas e mostrando como caminhar pelos percursos do estudo do texto, da composição da mensagem e da entrega do sermão.

Minha esperança é que, conforme os viajantes fiquem familiarizados com a jornada, fiquem também mais à vontade

CONCLUSÃO

para escolher como percorrê-lo da melhor maneira possível. Pois, à medida que os pregadores passam a percorrer essa jornada com mais frequência, cabe a cada um deles descobrir os melhores caminhos, atalhos, desvios ou paradas adicionais que devem fazer e quanto tempo gastar em cada parada e tarefa — ou até mesmo desbravar novos caminhos.

Espero também que os leitores deste livro percebam a importância de nós, pregadores, alimentarmos a igreja com sermões bíblicos, expositivos e missionais. Sermões relevantes e contextualizados à realidade de nossos ouvintes. Sermões que ofereçam esperança e que aproximem as pessoas de Deus. Sermões que exortem, consolem, ensinem e motivem a família da fé. Sermões que apresentem o evangelho da salvação. Para isso, os pregadores devem também se tornar guias de jornada que os ouvintes são convidados a percorrer com eles.

Alguns dos meus alunos, ao longo dos anos, começaram a chamar minha metodologia homilética, apresentada neste livro, de *a metodologia do problema, da graça e da missão*. Isso porque eles entenderam que se trata de um tripé de sustentação para a elaboração de sermões bíblicos, expositivos e missionais. E isso faz sentido, pois a jornada da pregação que apresento aqui é na verdade uma jornada cujo enredo é marcado pelo drama humano causado pelo pecado (problema), pela intervenção divina e redentora de um Deus amoroso em favor de seus filhos (graça) e pela resposta humana ao amor de Deus (missão).

Acredito que, quando entendermos o texto bíblico dessa perspectiva, expormos e aplicarmos o problema, a graça e a missão de forma contextualizada, seguindo um formato clássico ou contemporâneo, chegaremos ao fim da jornada com o sentimento de missão cumprida e prontos para começar tudo de novo. Afinal, é uma jornada de vida.

Deus abençoe os pregadores peregrinos!

ADENDOS:
RECURSOS COMPLEMENTARES
PARA A JORNADA DA PREGAÇÃO

Agora que já estamos alicerçados em uma boa teologia da pregação, que sabemos quais ferramentas devem fazer parte de nossa bagagem de mão, que temos o mapa da jornada e que conhecemos as tarefas a serem realizadas durante o passo a passo dessa fantástica jornada da pregação, gostaria de concluir este livro oferecendo alguns recursos complementares para ajudar os pregadores a avaliar os próprios sermões. E, para que aqueles que pretendem usar este livro em algum curso de pregação na igreja ou em seminários pelo Brasil afora, também possam avaliar os sermões de seus alunos.

Os recursos que apresento são ferramentas que utilizo primeiramente para assegurar foco e unidade aos meus sermões. Também os utilizo para avaliar se meus sermões são coerentes, bíblicos, expositivos, missionais e relevantes para as congregações. E, claro, uso-os também para avaliar os sermões de meus alunos durante as aulas de Homilética e Prática da Pregação.

Nos cursos de pregação nos seminários teológicos, é comum termos os chamados "sermões de prova", que são pregações apresentadas pelos alunos e avaliadas pelo professor de homilética e, em algumas escolas, também pelos professores de outras cadeiras, os quais avaliam aspectos relacionados com as disciplinas que lecionam. Afinal de contas, como sempre dizia o professor Joás Dias de Araújo, todas as disciplinas ensinadas em um seminário desembocam na pregação!

ADENDO 1:
10 PERGUNTAS PARA ASSEGURAR
UNIDADE E RELEVÂNCIA AO SERMÃO

Pensando na unidade e foco do sermão, bem como em sua relevância, elaborei dez perguntas, baseadas no método apresentado neste livro, a serem feitas pelos pregadores quando estiverem com o sermão em mãos e pronto para ser pregado. As seis primeiras perguntas estão relacionadas com o estudo e a interpretação do texto bíblico. As últimas quatro perguntas ajudam os pregadores a avaliar a aplicação contextualizada da mensagem.

1. O SERMÃO IDENTIFICA UM *PROBLEMA* NO TEXTO BÍBLICO OU EM SEU CONTEXTO?

Como vimos anteriormente, toda passagem bíblica, direta ou indiretamente, lança luz sobre aspectos da *condição humana caída*, que aqui chamamos de *problema*. Esse problema está relacionado com a falha humana em viver de acordo com a vontade de Deus, as consequências dessa atitude e os danos causados por ela, tanto para o relacionamento do ser humano com Deus quanto para toda a criação. A identificação desse problema ajuda o pregador a entender a necessidade do texto bíblico. Assim, responda: seu sermão declara o problema por meio de uma frase clara e concisa?

195

2. O SERMÃO RESPONDE A UMA *NECESSIDADE* REVELADA NO TEXTO OU NO CONTEXTO?

O problema provoca uma ansiedade humana ou comunitária que necessita ser tratada e corrigida. Essa necessidade gera uma expectativa da intervenção divina, uma mudança ou uma solução para o problema. A identificação dessa necessidade torna o sermão relevante para os ouvintes. Assim, você identificou de forma clara qual necessidade seu sermão está tratando?

3. O SERMÃO APRESENTA A *BOA-NOVA* PRESENTE NO TEXTO BÍBLICO OU EM SEU CONTEXTO?

A boa-nova é a *ação graciosa* de Deus com relação ao problema. Essa ação graciosa de Deus motiva e capacita seu povo a enfrentar o problema. A boa-nova, que em nossa metodologia chamo de *graça*, pode ser identificada ao respondermos a seguinte pergunta: "O que esse texto revela (direta ou indiretamente) a respeito do que Deus (Pai/ Filho/ Espírito Santo) está fazendo com relação ao problema? Dessa forma, em algum momento o sermão declara a boa-nova em uma frase na qual Deus (Pai/ Filho/ Espírito Santo) seja o sujeito da oração?

4. O SERMÃO DEMONSTRA COMO A *BOA-NOVA* RESPONDE AO PROBLEMA E À NECESSIDADE NO TEXTO BÍBLICO?

Ao apresentar a boa-nova, devemos ter certeza de que ela seja uma resposta ao problema e à necessidade identificadas no texto bíblico, pois essa boa-nova é a ação graciosa de Deus em favor de seu povo diante do problema e da necessidade que ele enfrenta. Reflita sobre a profundidade e a abrangência dessa boa-nova no contexto bíblico.

5. O SERMÃO DEMONSTRA COMO A *BOA-NOVA* DO TEXTO BÍBLICO SE RELACIONA COM O EVANGELHO?

A boa-nova (ação graciosa de Deus) revela a natureza de Deus, expressa de maneira profunda na cruz de Cristo. Identifique como a boa-nova reflete o caráter de Deus refletido na cruz e como ela se relaciona com seu plano redentor por meio de Jesus Cristo.

6. O SERMÃO APRESENTA DE FORMA CLARA A *MISSÃO* NO TEXTO?

A ação graciosa de Deus sobre o problema para suprir a necessidade humana de uma intervenção divina deve promover uma resposta por parte daqueles que são abençoados. Em nossa metodologia, chamo essa resposta de *missão*, ou seja, aquilo que Deus espera dos que estão sendo abençoados por ele.

7. O SERMÃO IDENTIFICA UM *PROBLEMA* EQUIVALENTE NO CONTEXTO DOS OUVINTES?

Identifique no contexto atual o mesmo tipo de problema revelado no texto bíblico. Declare o problema em uma frase clara e concisa. A identificação de um problema equivalente permite uma aplicação fundamentada na Palavra de Deus.

8. O SERMÃO ESTÁ DIRECIONADO A TRATAR UMA *NECESSIDADE* ATUAL DA CONGREGAÇÃO?

O problema identificado no contexto dos ouvintes, assim como o problema identificado no texto bíblico, gera necessidades que precisam ser supridas. A identificação da necessidade mais latente entre os ouvintes é importante para que o sermão seja relevante. Essa necessidade está clara para o pregador?

9. O SERMÃO APLICA A *BOA-NOVA* DO TEXTO AO CONTEXTO DO PROBLEMA E DA NECESSIDADE DOS OUVINTES?

A boa-nova no texto bíblico que revela a natureza de Deus e sua ação graciosa no mundo bíblico deve ser identificada e aplicada ao contexto dos ouvintes. Assim, o papel do pregador é identificar e demonstrar aos ouvintes como Deus continua agindo hoje com relação ao problema e à necessidade de seu povo.

10. O SERMÃO APONTA PARA UMA *RESPOSTA* DAQUELES QUE SÃO ABENÇOADOS HOJE PELA BOA-NOVA?

A *resposta* pode ser uma mudança de comportamento pessoal, uma atitude voluntária na direção de Deus, uma ação de serviço na comunidade ou um ministério a ser abraçado pelos envolvidos.

Quanto mais profundas as respostas a essas dez perguntas, mais certos estaremos de que nosso sermão, além de apresentar unidade e foco, será também bíblico, expositivo, missional.

ADENDO 2:
AVALIANDO O SERMÃO

Como professor de pregação por muitos anos, sempre tive a difícil tarefa de avaliar os sermões de meus alunos. Digo difícil, pois corremos sempre o risco de ser subjetivos nessa avaliação. Por isso, é muito importante termos critérios concretos para avaliar os sermões de forma justa. Após deparar com muitas fórmulas de avaliação, acabei adotando em partes o roteiro de avaliação de sermões do Calvin Theological Seminary, de Grand Rapids, Estados Unidos. O roteiro que apresento aqui de forma adaptada é usado até os dias de hoje por lá.

ROTEIRO PARA AVALIAÇÃO DE SERMÕES[1]

CRITÉRIOS DE AVALIAÇÃO

EXCELENTE	MUITO BOM	BOM	REGULAR	FRACO
9.1 a 10	8.1 a 9	7.1 a 8	5.1 a 7	Abaixo de 5

AVALIAÇÃO

1. Bíblico ( )
- O conteúdo do sermão é derivado das Escrituras?
- O sermão o ajudou a entender melhor o texto?
- O sermão revelou como Deus está agindo no texto ou no contexto?
- O sermão apresentou a graça de Deus no texto ou no contexto?

---

[1] Disponível em: https://cep.calvinseminary.edu/wp-content/uploads/2015/01/sermonEvaluationForm.pdf.

2. Autêntico (   )

- O pregador demonstra entusiasmo com a mensagem?
- O pregador e sua mensagem são convincentes?
- O pregador demonstra sensibilidade pastoral ao tratar do problema?
- O pregador demonstra honestidade e integridade ao aplicar a mensagem?

3. Contextual (   )

- O sermão faz corretamente a conexão entre o mundo bíblico e o nosso mundo?
- O sermão oferece respostas às questões contemporâneas?
- O sermão apresenta uma linguagem clara e coerente ao contexto dos ouvintes?
- O sermão é bem ilustrado? O ouvinte consegue enxergar o que está lendo?

4. Transformador (   )

- Por meio do sermão, Deus criou ou fortaleceu em você a esperança de que ele está trabalhando ativamente em sua vida?
- O sermão oferece maneiras específicas para que você veja o trabalho de Deus em nosso mundo, mesmo em meio às nossas dificuldades?
- O sermão oferece exemplos e conselhos práticos?
- O sermão comunica a graça de Deus de uma forma que poderia alcançar os não crentes ou os que não estão familiarizados com a fé cristã?

Observações finais e sugestões ao pregador

_____

_____

_____

_____

_____

ADENDO 2: AVALIANDO O SERMÃO

ADENDO 3:
SERMÃO COMENTADO

Para concluir, gostaria de oferecer mais um exemplo de manuscrito de sermão construído a partir da aplicação das tarefas de nosso roteiro da jornada. Preparei esse sermão — aqui com algumas atualizações e ajustes — por ocasião da formatura do curso de bacharel em Teologia, turma 2012, do Seminário Presbiteriano do Sul, em Campinas.

Além de um exemplo do que foi tratado neste livro, acredito que a mensagem desse sermão possa falar também ao coração de cada pregador e pregadora que ler e estudar este livro com o objetivo de servir a Palavra de Deus por meio da pregação.

Segue o manuscrito com algumas observações:

JESUS ABRE OS OLHOS DE NOSSO CORAÇÃO[1]

TEXTO:
Lucas 24:13-35

INTRODUÇÃO:[2]
Certa vez, uma senhora caminhava cabisbaixa pela calçada de uma avenida movimentada de sua cidade, quando, do nada, um assaltante surgiu à sua frente de arma em punho e anunciou o assalto: "A bolsa ou a vida", disse o marginal.

---

[1] Este é o título e o tema do sermão, mas nesta mensagem ele vai surgir apenas depois da explicação e da aplicação do problema.

[2] A ilustração que serve de introdução cumpre o propósito de apontar para o problema que será tratado no desenvolvimento do sermão.

A mulher, sem esboçar medo ou assombro, simplesmente olhou para o assaltante e disse: "Pode escolher moço, nenhuma delas tem nada de valor".

Às vezes, a dor, as frustrações e as decepções em nossa vida são tão pesadas que a nossa jornada se torna um fardo, e, como essa senhora, temos dificuldades de enxergar algo bom ao nosso redor.

Pelo andar dos dois discípulos de Jesus, na história que acabamos de ler no texto bíblico, podemos facilmente afirmar que essa é a realidade deles.[3]

OS OLHOS DOS DISCÍPULOS ESTÃO IMPEDIDOS DE RECONHECER JESUS[4]

É domingo à tarde, e o percurso de 11 quilômetros que liga Jerusalém a Emaús está repleto de peregrinos que estiveram em Jerusalém celebrando a Páscoa judaica. Após guardar o sábado, eles retornam rapidamente para suas cidades, antes que a noite chegue.

Em meio a tantos peregrinos na estrada, dois se destacam pela falta de animação com que enfrentam a jornada. Com passos lentos, eles caminham cabisbaixos, como se carregassem nas costas um fardo de uma tonelada. Eles conversam sobre a grande decepção que sofreram.

Eles haviam deixado suas casas para seguir Jesus. Eles acreditaram que Jesus era o Messias prometido que traria redenção a Israel. Eles viram os sinais e as manifestações de poder de Jesus ao longo da jornada que tiveram com ele.

Eles entraram em Jerusalém no domingo anterior cheios de expectativas, ouvindo as pessoas aclamando Jesus como Rei, mas na sexta-feira, o mudo desabou sobre eles quando Jesus foi preso, julgado, condenado e morto na cruz.

---

[3]Ao concluir a ilustração, faz-se necessária uma frase de transição para conectar com o texto bíblico, como se segue.

[4]O enunciado não é proferido neste momento. Serve de direção para o pregador. Aponta o problema no texto bíblico, que será exposto de forma narrativa a seguir.

ADENDO 3: SERMÃO COMENTADO

A mesma multidão que uma semana antes havia gritado: "Bendito o que vem em nome do Senhor!", gritava agora: "Crucifica-o, crucifica-o!". Jesus morreu. Tudo se acabou.

O retorno para casa é marcado agora por decepção, dor e frustração. O chão se abriu sob os pés deles, e eles caminham de volta para sua cidade com o coração pesado.

De repente, um peregrino se aproxima e começa a andar ao lado deles. É o próprio Jesus, que havia ressuscitado dos mortos e estava vivo. Jesus caminha ao lado deles, mas tamanha é a dor e a decepção que eles não o percebem. Não conseguem enxergar a graça da ressurreição diante do próprio nariz, pois seus olhos estão impedidos de reconhecer a Jesus.[5]

Então Jesus os surpreende com uma pergunta: "Sobre o que vocês estão discutindo enquanto caminham?".

No momento em que ouvem a pergunta, eles param de caminhar e com os rostos entristecidos questionam o novo companheiro de jornada: "Você é o único visitante em Jerusalém que não sabe das coisas que ali aconteceram nestes dias?".

Os acontecimentos em torno da morte de Jesus haviam parado Jerusalém. Não se falava em outra coisa pelas ruas. Jesus, o Nazareno, que dizia ser o filho de Deus estava morto. Mas Jesus dá corda na conversa e pergunta novamente: "Que coisas?".

E então a frustração daqueles homens vem à tona. Um deles explica: "O que aconteceu com Jesus de Nazaré [...]. Ele era um profeta, poderoso em palavras e em obras diante de Deus e de todo o povo. Os chefes dos sacerdotes e as nossas autoridades o entregaram para ser condenado à morte e o crucificaram; e nós esperávamos que ele era quem traria a redenção a Israel. E hoje é o terceiro dia desde que tudo isso aconteceu" (v. 19-21).

Mas, além da frustração e da dor, vem à tona outro problema — a incredulidade evidente ao afirmarem: "Algumas das mulheres entre nós nos deram um susto hoje. Foram de manhã bem cedo

---

[5]Uma vez desenvolvida a narrativa a ponto de o problema do texto ficar claro para os ouvintes, ele deve ser anunciado por meio de uma frase afirmativa e clara.

205

ao sepulcro e não acharam o corpo dele. Voltaram e nos contaram ter tido uma visão de anjos, que disseram que ele está vivo. Alguns dos nossos companheiros foram ao sepulcro e encontraram tudo exatamente como as mulheres tinham dito, mas não o viram" (v. 22-24).

Eles precisavam ver para crer, mas mesmo o Cristo vivo estando diante deles a frustração, a dor e a decepção são tão grandes que seus olhos não conseguem enxergar o Cristo Vivo! Seus olhos estão impedidos de reconhecer Jesus.[6]

OS OLHOS DE ALGUNS CONTINUAM IMPEDIDOS DE RECONHECER JESUS[7]

Meus queridos colegas e futuros pastores, espero que vocês, que hoje deixam o seminário, não estejam caminhando de volta para suas casas, famílias e ministérios como os discípulos na estrada para Emaús, com seus olhos impedidos de reconhecer Jesus vivo diante de vocês.[8]

Pode parecer absurdo o que estou falando, afinal hoje é dia de festa e de celebração pela formatura de vocês. Infelizmente, o ministério tem se tornado para muitos pastores um fardo pesado de carregar. Ouvimos falar que em nossa igreja existem aproximadamente mil pastores formados em nossos seminários, mas que estão sem campo de trabalho. Entretanto, o problema não é a falta de igreja para os pastores. Na verdade, existem muitas igrejas sem pastores pelo Brasil afora.[9]

---

[6]Esse movimento de exposição bíblica com foco no problema acaba com a reafirmação da frase-foco do problema no texto, pois ela serve de transição para o movimento seguinte, que é a aplicação desse problema ao contexto dos ouvintes.

[7]Essa é a frase-foco do problema no contexto dos ouvintes e serve para dar direção a esse movimento de aplicação.

[8]No caso da aplicação, a frase-foco do problema é enunciada logo no início da aplicação, como parte da transição do movimento anterior de exposição para o movimento atual de aplicação.

[9]Uma ilustração do problema aqui poderia ser mais efetiva que apenas a informação do problema. Nesse caso, a informação deve ser relevante o suficiente para exemplificar o problema e ajudar os ouvintes a se identificarem com ele.

ADENDO 3: SERMÃO COMENTADO

Qual o problema então? O problema é que muitos pastores perderam a paixão pelo ministério, pois o fardo se tornou pesado para eles. E, no decurso do ministério, perderam a sensibilidade de enxergar Jesus no caminho. E as igrejas locais percebem isso e sofrem com isso.

Outros pastores estão à procura de um campo de trabalho que lhes proporcione conforto e segurança, de preferência em grandes centros urbanos, onde possam paralelamente ao ministério buscar novos horizontes profissionais, pois não enxergam mais no ministério um chamado para a vida. Infelizmente, não tem sido incomum uma pessoa que teve uma experiência marcante com Jesus e resolveu se dedicar ao ministério perder a paixão e se tornar amarga.

Não é raro também que a pessoa vocacionada chegue ao seminário com o coração ardendo por Jesus e pelo evangelho, desejosa por se capacitar para servir a igreja, mas no decorrer da jornada, em meio aos estudos, em meio às crises pessoais, em meio ao convívio com pessoas frustradas, acaba perdendo a capacidade de perceber que aquele que a chamou para o ministério está vivo.

E então, a igreja que ele ou ela queria servir se torna um fardo. E a paixão por Jesus e pelo evangelho, que outrora ardia em seu coração, se transforma em uma jornada de amargura, de frustração e de incapacidade de enxergar que Jesus continua agindo na igreja.

Caros amigos formandos, não permitam que o ministério de vocês se transforme em uma jornada de amargura. Não percam a capacidade de enxergar o Cristo vivo diante de vocês.[10] Quando perdemos a capacidade de enxergar Jesus em nossa vida, o caminho se torna amargo, pesado, indesejado.

---

[10]A missão é tratada neste movimento de aplicação do problema. A mensagem neste movimento procura exortar os ouvintes quanto aos perigos consequentes da incapacidade de enxergar o Cristo vivo na vida deles. Procura ajudá-los também a perceber a importância de manter os olhos abertos olhando para Jesus.

Jesus abre os olhos dos discípulos.[11] Mas a boa-nova é que essa história não termina assim. Jesus vai ao encontro de seus servos para abrir-lhes os olhos do coração e resgatá-los do caminho penoso da frustração, da falta de entendimento e do desânimo.

Jesus abre os olhos dos discípulos.[12] de Emaús e transforma uma jornada de desistência e de luto em uma jornada de esperança renovada. E essa transformação acontece porque Jesus abre os olhos deles para que vejam o Cristo vivo!

Jesus se mostra vivo diante dos olhos deles em todos os momentos da jornada. Mesmo quando eles ainda eram incapazes de perceber.[13]

Jesus se mostra vivo no caminho da decepção (v. 14-15)! Quando tudo parecia perdido, o Cristo vivo começa a caminhar ao lado deles: "No caminho, conversavam a respeito de tudo o que havia acontecido. Enquanto conversavam e discutiam, o próprio Jesus se aproximou e começou a caminhar com eles".

Jesus não permite que eles retornem para seus lares sem contemplar a realidade da ressurreição. Jesus os encontra em meio à frustração. Jesus os acompanha durante toda a jornada. Jesus permite que eles desabafem e revelem suas dores. Jesus escuta e acolhe a dor e a frustração dos dois. E então...

Jesus também se mostra vivo nas Escrituras (v. 25-27)! Quando eles terminam de expor suas frustrações, Jesus toma a palavra e, "começando por Moisés e todos os profetas, explicou-lhes o que constava a respeito dele em todas as Escrituras".

---

[11]Esta é a frase-foco que revela a graça no texto; a boa-nova com relação ao problema; a ideia central; o tema do sermão. Ela será enunciada no desenvolvimento deste movimento de retomada da exposição bíblica e será enfatizada ao longo do restante do sermão, inclusive na aplicação que vem a seguir.

[12]A frase-foco da graça deve direcionar o desenvolvimento deste movimento de exposição bíblica.

[13]Jesus é o protagonista neste movimento, por isso ele deve ser o sujeito da maioria das orações. A narrativa, sempre que possível, deve ser escrita no tempo verbal presente.

E, à medida que Jesus explica as Escrituras, o coração deles começa a arder, pois Jesus está vivo em sua Palavra. Ele é o Deus presente falando diretamente ao coração de seus servos amados. Jesus está vivo ao lado deles no caminho de Emaús, mas também Jesus está vivo na Palavra de Deus.

Por fim, Jesus se mostra vivo na comunhão e no partir do pão! (v. 28-32)! Quando eles se aproximam do povoado para o qual estão indo, Jesus faz menção de continuar seguindo seu caminho. Mas eles insistem muito com ele para que fique à noite: "Fique conosco, pois a noite já vem; o dia já está quase findando", diz um deles. Jesus entra na casa com eles. À mesa com eles, Jesus toma o pão, dá graças e, partindo-o, dá a eles.

No mesmo instante, como que num piscar de olhos, os olhos deles se abrem, e eles percebem Jesus Cristo vivo diante deles. Jesus abre os olhos deles para o reconhecerem. Mas no instante seguinte Jesus desaparece da vista deles.

Eles se perguntam: "Não estava queimando o nosso coração enquanto ele nos falava no caminho e nos expunha as Escrituras?".

Jesus abre os olhos dos discípulos e se mostra vivo diante deles![14] O Cristo ressurreto se mostra vivo no caminho da dor, da decepção, da desistência. Jesus transforma o caminho da dor em caminho de esperança. O Cristo vivo se mostra vivo em sua Palavra e demonstra que sua Palavra é viva. O Cristo vivo se mostra vivo no partir do pão. O Cristo vivo transforma corações amargurados, desanimados e endurecidos em corações ardentes, que batem mais forte quando veem a Jesus.

Essa experiência marcante os impulsiona a voltarem à Jerusalém na mesma hora. Ao se encontrar com o Cristo vivo, mesmo já sendo noite, eles retornam a Jerusalém. Ali encontram os Onze

---

[14]A frase-foco, que é o tema do sermão e a ideia central da mensagem, continua sendo o foco do desenvolvimento deste movimento.

e os que estavam com eles reunidos, que diziam: "É verdade! O Senhor ressuscitou e apareceu a Simão!".

Então os dois contam o que havia acontecido no caminho e como Jesus fora reconhecido por eles quando partia o pão.

JESUS ABRE NOSSOS OLHOS PARA QUE VEJAMOS O CRISTO VIVO[15]

Jesus é o Messias, o enviado de Deus que veio restaurar o ser humano. Sua morte trouxe vida a todos os que creem. A ressurreição é o poder que move os homens e mulheres em direção a Deus. A ressurreição de Cristo é a razão da fé dos discípulos. E, quando o Cristo vivo surge no caminho dos discípulos, a estrada da dor se transforma na estrada do recomeço e da esperança.

Se Cristo não tivesse ressuscitado, a nossa fé não valeria nada. Mas Cristo ressuscitou de fato, e nós podemos encontrá-lo em nossa jornada. Aliás, é ele quem nos encontra em nossa jornada, mesmo quando estamos atravessando os vales áridos e escuros. Ele se apresenta vivo quando lemos as Escrituras e nos alimentamos da Palavra de Deus. Ele se apresenta vivo quando partimos o pão com a comunidade de fé.

E vocês, caros colegas, que hoje se despedem dessa jornada de estudos para voltarem para suas famílias e igrejas, são aqueles que refletirão o Cristo vivo por meio da vida de vocês. Pois o Cristo vivo será visto na vida de vocês quando caminharem com as pessoas, pregarem a Palavra de Deus e partirem o pão da comunhão.

ILUSTRAÇÃO:[16]

Conta-se a história de quatro amigos garimpeiros que passaram meses isolados em um campo à procura de ouro. Quando enfim encontraram um veio muito rico, que lhes renderia uma boa

---

[15]Uma vez que a graça no texto foi demonstrada, ela deve ser aplicada à vida e ao contexto dos ouvintes.

[16]Trata-se de uma ilustração da graça na vida dos ouvintes. O objetivo dessa ilustração é ajudar os ouvintes a se identificar com o que está sendo aplicado, que é a graça de Cristo se manifestar vivo na vida deles.

ADENDO 3: SERMÃO COMENTADO

quantidade de ouro, perceberam que suas provisões estavam acabando. Então decidiram ir à cidade buscar mantimentos. E todos concordaram em não contar nada a ninguém, pois a cidade vivia cheia de garimpeiros. E assim fizeram.

Entretanto, quando estavam para voltar para o campo, um grupo de homens juntou-se a eles e estavam prontos a segui-los.

— O que vocês querem, perguntaram eles.

— Queremos ir com vocês. Vocês encontraram ouro.

— Mas quem lhes contou isso? — replicaram.

— Ninguém! Está na cara de vocês que acharam ouro!

Queridos, o que está estampado no rosto de cada um de vocês neste momento em que estão tomando a estrada do ministério? Espero que seja a convicção de que o Senhor da igreja que vocês servem está vivo.[17]

Que a estrada que vocês estão tomando agora seja a estrada do entusiasmo, da empolgação, do desejo de fazer o Cristo vivo conhecido no mundo. Que o Cristo vivo os acompanhe ao longo de todo o ministério de vocês. Amém.

---

[17]A missão também está presente neste sermão. Este movimento de aplicação da graça tem como objetivo incentivar os ouvintes a refletir o Cristo vivo na própria vida e por meio do ministério.

BIBLIOGRAFIA

ADAMS, Jay E. *Truth applied: application in preaching* (Grand Rapids: Ministry Resources Library, 1990).

BLACKWOOD, Andrew Watterson. *The preparation of sermons* (New York/ Nashville: Abingdon, 1948).

BROADUS, James A. *On the preparation end delivering of sermons* (San Francisco: Harper & Row, 1979).

CARSON, D. A. *Os perigos da interpretação bíblica* (São Paulo: Vida Nova, 2001).

CHAPELL, Bryan. *Christ-centered preaching: redeeming the expository sermon* (Grand Rapids: Baker Academic, 1984).

CRADDOCK, Fred B. *Preaching* (Nashville: Abingdon, 1985).

_____. *As one without authority: revised and with new sermons* (St. Louis: Chalice, 2001).

_____. *On the craft of preaching* (St. Louis: Chalice, 2011).

DEVER, Mark et al. *Pregando a cruz* (São Paulo: Cultura Cristã, 2010).

GALLI, Mark; LARSON, Craig Brian. *Preaching that connects: using techniques of journalism to add impact to your sermons* (Grand Rapids: Zondervan, 1994).

GELDER, Craig van. *The ministry of the missional church: a community led by the Spirit* (Grand Rapids: Baker, 2007).

GREIDANUS, Sidney. *The modern preacher and the ancient text: interpreting and preaching biblical literature* (Grand Rapids: Eerdmans, 1988).

_____. *Preaching Christ*. Calvin Theological Seminary. *Forum*, Spring 2003.

_____. *O pregador contemporâneo e o texto antigo* (São Paulo: Cultura Cristã, 2006).

GRENZ, Stanley. *Pós-modernismo: um guia para entender a filosofia do nosso tempo* (São Paulo: Vida Nova, 1997).

JOHNSTON, Graham. *Preaching to a postmodern world: a guide to reaching twenty-first century listeners* (Grand Rapids: Baker, 2001).

KIRST, Nelson. *Rudimentos de homilética* (São Paulo/ São Leopoldo: Paulinas/ Sinodal, 1985).

LACHLER, Karl. *Prega a Palavra* (São Paulo: Vida Nova, 1990).

LONG, Thomas G. *The witness of preaching* (Louisville: John Knox, 1989).

LOPES, Hernandes Dias. *Pregação expositiva: sua importância para o crescimento da igreja* (São Paulo: Hagnos, 2008).

LOSCALZO, Craig. *Apologetic preaching: preaching Christ to a postmodern world* (Downers Grove: InterVarsity, 2000).

ROBINSON, Handdon W. *Pregação bíblica: o desenvolvimento e a entrega de sermões* (São Paulo: Shedd, 2002).

_____; LARSON, Craig B. *A arte e o ofício da pregação bíblica: um manual para os comunicadores da atualidade* (São Paulo: Shedd, 2009).

STOTT, John. *Between two worlds: the art of preaching in the twentieth century* (Grand Rapids: Eerdmans, 1982).

_____. *O perfil do pregador* (São Paulo: Vida Nova, 2011).

SHURINGA, Henry David. *Hearing the Word in a visual age: a practical theological consideration of preaching within the contemporary urge to visualization.* Ph.D. dissertation. Theologische Hogeschool van de Gereformeerde Kerken in Nederland, 1995.

TROEGER, Thomas H. *Creating fresh images for preaching: new rungs for Jacob's ladder* (Valley Forge: Judson, 1982).

WALVOORD, J. F.; ZUCK, R. B., orgs. *The Bible knowledge commentary: an exposition of the Scriptures* (Wheaton: Victor, s.d.). v. 1. ROSS, A. P. *Psalms* (1985).

_____. _____ (Wheaton: Victor, s.d.). v. 2: MARTIN, J. A. *Luke* (1985).

WARDLAW, Don M. *Preaching biblically* (Philadelphia: Westminster, 1983).

WILSON, Paul Scott. *Imagination of the preaching: new understanding in preaching* (Nashville: Abingdon, 1988).

_____. *The four pages of the sermon: a guide to biblical preaching* (Nashville: Abingdon, 1999).

_____. *Broken world: reflections on the craft of preaching* (Nashville: Abingdon, 2004).

_____ et al, orgs. *The new interpreter's handbook of preaching* (Nashville: Abingdon, 2008).

ÍNDICE REMISSIVO

A

Abraão 45

Adams, Jay E. 82

alegorização e moralização 68

A Mensagem 63

aplicação contextualizada 36, 61, 78, 131, 191

Apocalipse 61, 63

apóstolo Paulo 46, 55, 57, 58, 59, 64, 67, 144, 186

Araújo, Joás Dias de 20, 33, 123, 124, 189

argumentação 123, 126, 168

B

Barth, Karl 47

Bastian, Hans-Dier 41

Bible Works 63

Bíblia de estudo de Genebra 63

Bíblia de estudo Shedd 63

Bíblia na Linguagem de Hoje 63

Blackwood, Andrew Watterson 38

C

Calvin Theological Seminary 7, 19, 20, 25, 33, 41, 45, 62, 152, 195, 210

Chapell, Bryan 49, 79

conclusão 123, 127, 132, 133, 159, 165, 169, 170, 178, 185

contexto
cultural 51, 56, 63, 66, 68, 75, 82, 92, 94, 107, 114, 116, 163, 167
gramatical 95
histórico 51, 63, 71, 72, 82, 93, 94, 107, 109, 125, 153, 169
literário 51

convicções teológicas 51, 52

Craddock, Fred 42

Criação, Queda, redenção e consumação 43

D

Davi e Golias 70, 72

E

enredo 43, 76, 91, 92, 95, 99, 103, 104, 105, 106, 107, 122, 129, 130, 164, 165, 187

esboço homilético 43, 76, 113, 120, 121, 129, 131, 141, 149, 155, 168, 169, 170
dedutivo 128

estrutura homilética do sermão 47, 51, 120
clássica 128
contemporânea 132

estudo do texto bíblico 73, 75, 87, 118, 141

etapas da jornada 36

exegese 48, 61, 120

explicação 123, 124, 132, 168

F

frase-foco 110, 111, 115, 116, 117, 139, 182, 183, 202, 204, 205

G

Gelder, Craig van 44

gênero literário 89, 90, 91, 95, 98

Gênesis 45, 61, 91

Goheen, Michael W. 45

Greidanus, Sidney 33, 34, 41, 48, 54, 55, 62, 91, 104

Grenz, Stanley 39

H

herança homilética 37

Herodes 98

Horns, Michael 61

I

ideia central 39, 76, 79, 95, 99, 122, 124, 125, 126, 128, 129, 130, 154, 204, 205

imitação de personagens 70, 71

interpretação
  gramatical 73
  histórica 73
  literária 47, 73, 89, 98, 121, 123, 128
  teológica 73

interpretação bíblica 36, 64, 113

introdução 33, 123, 132, 133, 168, 169, 171, 199

J

Jairo, cura da filha de 97

Johnston, Graham 41, 42

jornada
  pela composição do sermão 74
  pelo texto bíblico 73

jornada da pregação 27, 35, 36, 37, 51, 53, 62, 65, 72, 73, 75, 87, 92, 107, 118, 119, 120, 128, 148, 149, 159, 161, 185, 187, 189

K

Kirst, Nelson 41, 47, 59

L

lectio continua 50

Logos (aplicativo) 63

Lopes, Hernandes Dias 50, 51

Loscalzo, Craig 57

M

mapa da jornada 72, 73, 75, 78, 189

Martin, J. A. 95

Massá 106, 162, 165, 170, 177

mensagem missional 86

Meribá 106, 162, 165, 170, 177

metodologias homiléticas 38, 39, 42

minissermão 126

modernidade 39, 43

Moisés 105, 106, 107, 162, 163, 164, 165, 166, 168, 169, 170, 172, 173, 175, 176, 204

moral da história 138, 139

movimento dedutivo 43, 122

movimento indutivo 129

N

nova homilética 1, 20, 34, 42, 121, 129

P

páginas do sermão 27, 34, 80, 129

Pedro 45, 60

perícope 79, 89, 90, 91, 96, 101, 103, 104, 107

Peterson, Eugene 63

pós-modernidade 1, 4, 7, 34, 41, 42, 121

Potifar 91

pregação
   bíblica 3, 6, 37, 44, 47, 48, 51, 52, 62, 65, 80, 210
   caráter expositivo da 46
   caráter missional da 44
   conteúdo da 51, 56
   cristocêntrica 52, 86
   expositiva 28, 47, 48, 49, 50, 51, 58
   missional 45, 46, 52
   pós-moderna 43

proposição 39, 79, 122, 123, 125

R

Refidim 105, 162, 163, 164, 165, 168, 169, 170, 171, 173, 176

ressurreição do Senhor Jesus 46

revelação 55, 58, 64

Robinson, Haddon 49, 58

Ross, A. P. 96

Rottman, John 20, 33, 146, 147, 149

S

Saffire, William 30

sermão
   antropocêntrico 65, 107, 125
   apresentação do 77, 139, 149, 150, 161, 179
   composição do 74, 76, 108, 119, 120, 149, 157, 159, 161
   entrega do 35, 36, 73, 74, 77, 142, 148, 149, 150, 156, 157, 184, 186
   esboço homilético do 76, 120, 155, 168
   expositivo 47, 49, 50, 58, 60
   problema, graça e missão no 76, 114
   unidade e relevância do 191

Shuringa, Henry David 40

Stott, John 37, 38, 50, 53

T

técnicas hermenêuticas 75

tema 123, 125, 128, 132, 168

teologia bíblica 54, 61, 64, 76, 113

teologia sistemática 64

tese principal do sermão 39

The Olive Tree Bible 63

Toronto School of Theology 21, 34

transição para a aplicação 138, 139

U

unidade literária 75, 89, 90

W

Walvoord, J. F. 95, 96

Wilson, Paul Scott 21, 31, 34, 43, 79, 81, 129

Z

Zaqueu 135, 137, 142, 143, 144, 145, 146

Zuck, Roy B. 95, 96

Este livro foi impresso pela Cruzado, em 2022,
para a Thomas Nelson Brasil. O papel do miolo é
Pólen Soft 80g/m², e o da capa é Cartão 250g/m².